D1725681

Klaus Oberbeil: **Hoch oben bei den Steinadlern**

Seit Tagen drückt sich ein scheuer dreizehnjähriger Junge vor
dem Haus des jungen Vogelkundlers Ingo Brenner herum; er
ist körperbehindert, sein linker Arm ist zu kurz, seine linke
Hand verkrüppelt. Der Vogelkundler nimmt den Jungen, der
sich für seine Arbeit interessiert, schließlich mit in die Berge,
wo ein Steinadlerpaar in einem Felsennest brütet. Zusammen
beobachten und filmen sie diese ganz selten gewordenen Greif-
vögel und machen Aufzeichnungen über ihre Lebensgewohn-
heiten. Sie übernachten bei Bernadette, einer Bauerntochter aus
dem Tal, die allein auf einer Almhütte lebt. Zwischen den
dreien entwickelt sich eine Freundschaft, eine eigentümliche
Verbundenheit, die dazu führt, daß der behinderte Junge
wieder Vertrauen zu sich faßt und seinem größten Wunsch
ein Stück näher kommt: er will nämlich Vogelkundler werden.

Klaus Oberbeil

Hoch oben
bei den Steinadlern

W. Fischer-Verlag · Göttingen

Illustriert von Hans Arlart

Einbandfoto: Limbrunner/Lindenburger, Kastl (Obb.)

CIP-Kurztitelaufnahme der Deutschen Bibliothek

Oberbeil, Klaus
Hoch oben bei den Steinadlern. — 1. Aufl. —
Göttingen: Fischer, 1977.
   (Göttinger Fischer-Buch)
   ISBN 3-439-77901-7

© 1977 by W. Fischer-Verlag, Göttingen
Alle Rechte vorbehalten
Gesamtherstellung: Fischer-Offset-Druck, Göttingen

INHALT

Draußen vor der Tür

Ingo Brenner sah den Jungen zum erstenmal von jenseits der verschneiten Hecke starr und scheu wie ein Eindringling zur Vogelwarte herüberblicken. Er trieb sich eine Weile dort herum und war dann verschwunden. Am Morgen des übernächsten Tages stieß er auf den Jungen, als er mit knirschenden Schritten über den frostharten, in der Frühsonne glänzenden Schnee des Gartenwegs zum Gittertürchen ging, um aus dem Briefkasten die Post zu entnehmen. Unter diesem verwitterten Holzkasten, auf dem zerfressenen Betonsockel des Türpfostens, stand wie immer die Milch in ihrer Plastikflasche neben der Tüte mit den frischen Brötchen. Ingo Brenner bückte sich, um beides aufzunehmen. Da fuhr er jäh herum, weil Schnee aus den dichtstehenden Zweigen der Schmucktanne rieselte und in Stücken herabpolterte. Der Junge hatte sich zwischen der Tanne und der Hecke versteckt und sah jetzt ängstlich und ein wenig entsetzt aus.

Er war ein schlaksiger Kerl von etwa dreizehn Jahren, mit langem Hals und einer dunklen Haarmähne, die tief in sein knochiges Gesicht fiel. Er trug eine blaue Schottenjacke mit Karos in fast allen weiteren Farben darauf, schiefgetretene Halbschuhe, und zwischen den Ringelsöckchen und dem Aufschlag seiner Jeanshosen sah Ingo Brenner ein Stück winterlich fleischfarbener Waden.

„Willst du mir meine Milch klauen?" fragte er.

Der Junge schüttelte den Kopf.

„Du willst mich doch nicht etwa entführen?"

Das Glitzern in den klaren graublauen Augen des Jungen war nur einen Augenblick lang belustigt. Er schüttelte wieder den Kopf.

„Der Bote von der Reinigung bist du auch nicht, der die Laborwäsche abholen soll?"

Der Junge fing an, sich rückwärts, zum Türchen hin, zu verdrücken.

„Wenn wir lieber japanisch reden sollen, mußt du's mir sagen", rief Brenner, „falls du kein Deutsch verstehst!"

Aber jetzt war sein merkwürdiger Besucher schon auf dem Heckenweg, der zur Straße vorführte.

Am folgenden Montag standen Milch und Brötchen nicht unter dem Briefkasten, sondern auf dem Gitterrost vor der Schwelle der Haustür, auf der obersten der vier Steinstufen, die dorthin führten. Brenner war darüber erstaunt, denn der Milchmann hatte ihm erklärt, er würde seine Produkte nicht auch noch die vierzig Meter Gartenweg bis zur Vogelwarte hintragen. Er war sowieso sein am entferntesten lebender Kunde, und wann immer er den Milchmann traf, mußte er sich die Worte anhören: „An Ihnen ist kein Pfennig zu verdienen, Brenner. Ich tu es wahrhaftig nur unseren Vögeln zuliebe. Was ich Ihnen an Milch liefere, verfahre ich doppelt an Benzin." — „Dann stelle ich Ihnen jeden Morgen eine Flasche Benzin vor die Haustür", hatte Ingo im Scherz erwidert. Auf jeden Fall: der Milchmann war es nicht gewesen, der Milch und Brötchen bis ans Haus getragen hatte.

Die ganze Woche über, außer am Sonntag, wo es keine Milch und Brötchen gab, waren Tüte und Flasche auf dem Gitterrost vor der Haustür. Inzwischen hatte bei starkem Föhnwetter die Schneeschmelze eingesetzt. Im Schnee, der den Rasen bedeckte, hatten sich gelbliche Pfützen gebildet. Und eines Morgens, als Ingo Brenner früher als gewöhnlich zum Postkasten vorging, sah er den Jungen auf seiner Schwelle.

„Du bist es also", sagte er. „Soll ich dich vielleicht dafür bezahlen?"

„Nein." Er war genauso gekleidet wie damals. Die linke Hand hielt er in der Tasche seiner karierten Jacke.

„Dann sag mir wenigstens, weshalb du das tust."

„Damit die Meisen nicht an die Stanniolverschlüsse gehen. Und die Brötchen bringe ich gleich mit." Er hatte eine brüchige Stimme, die mal krächzte oder sang — ein musterhafter Stimmbruch.

„Woher weißt du, daß die Meisen an die Stanniolverschlüsse gehen?"

„Ich habe es oft beobachtet, wenn ich morgens auf dem Schulweg hier vorbeikam."

Das war aufmerksam beobachtet von dem Jungen. Erst in jüngster Zeit hatten die heimischen Meisen es gelernt, Stanniolverschlüsse von Milchflaschen mit ihren Schnäbeln aufzuhakken.

„Bist du heute auch auf dem Schulweg?"

„Ja."

„Ohne Schultasche?"

„Wir lassen sie meistens in der Schule."

„Wieso das?"

„Weil sie manchen von uns zu schwer werden."

„Du willst mich wohl auf den Arm nehmen?"

„Nein."

„Und deine Schule liegt hinten im Wald? Wer kommt schon auf seinem Schulweg in dieser Einsamkeit hier vorbei?"

Der Junge registrierte offenbar sehr wachsam, was an den Worten des Mannes witzig oder was gefährlich gemeint sein konnte. Er war wie ein Hund, der zutraulich sein möchte, aber eine Menge schlechter Erfahrungen gemacht hat. Und der Mann von der Vogelwarte war ein hünenhaft breiter Kerl. Von der Statur her fast bedrohlich, wenn sein breites Gesicht auch gutmütig wirkte. Er hatte mittelblondes, gewelltes Haar und sah insgesamt eigentlich freundlich aus.

„Ich mache manchmal einen Umweg und schaue vorbei, weil mich die hohen Vogelkäfige im Garten interessieren", sagte der Junge. „Wenn sie jetzt auch leer sind."

„Sie werden den Sommer über leer bleiben."

„Weshalb?"

„Weil ich mich den Sommer über einer anderen Aufgabe werde widmen müssen."

Damit verabschiedete der Vogelkundler sich von dem Jungen. Mit der Hand, die die Milchflasche hielt, drückte er auch die Türklinke herab. Er trat über die Schwelle und schloß die Haustür hinter sich.

Am folgenden Morgen saß der Junge auf der obersten Stufe der niedrigen Treppe und paßte auf Milch und Brötchen auf, daß keine Meisen drankamen.

Er hatte diesmal die Schultasche dabei. Sie lag auf seinen Knien, und darauf hatte der Junge ein kariertes Geometrieheft aufgeschlagen, in dem er schrieb. Er hatte dabei die linke

Hand in der Tasche. Er hatte offenbar auch keine Angst und nicht mal mehr Scheu vor Brenner, dem Hünen.

„Heute keine Schule im Wald?" fragte der Mann.

„Die erste Stunde fällt aus."

„Willst du mal reinkommen?"

„Gerne."

Sie betraten das Labor, wo der jugendliche Besucher die weißlackierten Schränke, die Regale, die bleibeschlagenen Arbeitstische, all die Glasflaschen mit ihren Schliffstopfen, die Tropfflaschen, Reagenzgläser, Mikroskope und Bunsenbrenner mit größter Neugierde musterte.

„Haben Sie gar keine Vögel da?" erkundigte er sich.

„Die lasse ich lieber draußen, wo sie hingehören."

„Was werden Sie als nächstes tun?"

„Frühstücken."

„Und dann?"

Brenner nahm eine Glasflasche, in der eine gelbliche Flüssigkeit schaukelte und hochspritzte. „Mit dieser Chromschwefelsäure werde ich die schmutzigen Glas- und Porzellanbehälter reinigen. Dort drüben in dem säurefesten Steintrog."

Der breitschultrige Mann füllte Wasser in einen Erhitzer und steckte das Kabel ein. Er nahm eine Tasse, einen Unterteller und einen größeren Teller vom Regal. „Wenn hier alles geputzt und gesäubert ist, werde ich mich an meine wichtigste Aufgabe machen. Möchtest du auch einen Kaffee?"

„Nein, danke."

„Schon gefrühstückt?"

„Ja. Was ist es für eine Aufgabe?"

„Ich muß mich um Fritz und Roswitha kümmern."

„Verwandte von Ihnen?"

„Nein, Freunde. Ich bin der einzige, den sie ein wenig als Freund akzeptieren. Sonst lassen sie niemanden näher als hundert Meter an sich heran."

„Das müssen eigenbrötlerische Leute sein."

Ingo schmunzelte. „Es ist ein Steinadlerpaar, hoch oben im Haslingergebirge im Allgäu. Der Winter hatte sie weiter nach Süden vertrieben, doch jetzt kommen sie irgendwann wieder herauf." Er blickte auf seine Armbanduhr, als könnte er vom Zifferblatt die Stunde ablesen, wenn die Adler zurückkämen. Er brach ein Brötchen auseinander und strich Butter auf und verrührte Sahne und Zucker im Kaffee, nachdem er ihn durch den Filter hatte laufen lassen. „Sie sterben aus", fuhr er fort. „Es gibt Leute, die schießen sie ab oder locken sie in Fallen und töten sie. Dann stopfen sie sie aus und verkaufen sie für acht- bis zehntausend Mark und mehr."

„Für soviel Geld?"

„Ja natürlich. Je seltener sie werden, desto mehr bringen sie." Sarkastisch fügte er hinzu: „Den letzten Steinadler dieser Erde verkaufen sie womöglich für hunderttausend Mark."

„Wie viele gibt es denn noch bei uns?"

„Noch etwa fünfzehn Paare, alle in den Alpen, ihrem Rückzugsgebiet. Früher gab es sie auch in der Eifel und im Harz, sogar in den Ebenen. Hoch oben im Gebirge fühlen sie sich noch am geborgensten. Möchtest du eine Mohnsemmel mit Butter und Marmelade?"

„Nein, danke."

„Wirklich nicht?"

„Nein."

„Doch, du möchtest eine." Brenner bestrich eines der Brötchen mit Butter und Orangenmarmelade und reichte es dem

Jungen. Der Junge stand so da, daß die Hand, die er in der Tasche hielt, dem Brötchen sehr nahe war, aber er nahm es nicht mit dieser Hand entgegen. Er drehte sich zur Seite und nahm das Brötchen mit der rechten Hand. Er sagte „danke" und setzte sich verkehrt herum auf einen Stuhl, so daß er über die bastbespannte Lehne sah. „Sie haben einen schönen Beruf", sagte er.

„Er bringt auch Sorgen."

„Auch die Adler?"

„Ja. Ihr Bestand ist äußerst gefährdet. Sie brüten selten und haben nur ein oder zwei Eier im Gelege. Wenn, dann fliegt meist nur ein Jungadler aus, und von diesen sterben wieder drei Viertel, ehe sie die Geschlechtsreife erlangt haben."

Der Junge kaute und nickte.

„Es ist ein wirklich ernstes Problem", sagte Ingo Brenner.

Der Junge nickte wieder. Er hatte verstanden. Er schluckte und sagte: „Könnte ich da nicht mal mit hinaufkommen, zu den Steinadlern?"

Der große breite Mann lächelte nachsichtig und schüttelte den Kopf. „Das geht leider nicht."

„Warum nicht?"

„Weil ich Ornithologe bin und du Schüler bist. Jeder hat seine Aufgabe."

„Aber ich könnte an einem Sonntag hinkommen und per Anhalter fahren. Es würde Sie überhaupt nichts kosten."

„Es geht nicht."

„Aber . . ."

„Es geht wirklich nicht!" sagte der Mann. Er widmete sich seinem Frühstück, und nach einer Weile sagte der Junge: „Es sind schöne Tiere, nicht wahr?"

Ingo antwortete: „Aus der Nähe sind sie nicht gerade zum Verlieben. Aber man muß sie fliegen und jagen sehen. Wer zum erstenmal einen Steinadler fliegen sieht, weiß, daß er eines der schönsten Tiere unserer Erde ist."

Er schluckte den Rest aus seiner Kaffeetasse und stellte die Reste seines Frühstücks beiseite. „Es wird Zeit für die Schule", sagte er. „Aber beantworte mir noch eine Frage. Hast du dir die Fingernägel nicht geputzt?"

„Wieso?"

„Weil du die linke Hand ständig in der Tasche hast. Du siehst aus wie ein Bankräuber, der durch die Tasche schießt."

„Nein", antwortete der Junge.

„Was nein?"

„Ich habe sie mir schon geputzt."

„Kann ich sie sehen?"

„Nein."

„Weshalb nicht?"

Der Junge zögerte. Hinter seinen hübsch bewimperten Augen, die jetzt ablehnend wirkten, frostig und tiefgekühlt wie Bergbachwasser in einer Schneelandschaft, schien ein unbehaglicher Gedanke zu sitzen.

„Zeig sie mir!" sagte Ingo Brenner sanft.

Der Junge nahm die linke Hand aus der Jackentasche. Es war eine rosafarbene winzige Hand, die nur aus Fingern bestand, die unmittelbar mit dem Handgelenk verwachsen waren.

„Seit wann ist sie verkrüppelt?" erkundigte sich Ingo.

„Seit meiner Geburt."

„Dann bist du ein Contergankind, nicht wahr? Deine Mutter hat ein thalidomidhaltiges Schlafmittel während der Schwangerschaft genommen?"

„Ja."

Die Finger hatten sämtliche Gelenke und außerdem schöne lange, saubere und glatte Fingernägel. Der große Mann nahm sie mit seiner Linken. Die Finger des Jungen lagen auf dem Armband seiner Uhr, und seine eigene starke Hand war bis weit hinauf um den Unterarm des Jungen geschlossen. Es war, als berührte man etwas vor der Welt verborgen Gehaltenes, was nicht jedermann zugänglich war. Es war eine seltsame Berührung.

Der Junge sah Ingo die ganze Zeit über an, um seine Reaktion herauszufinden.

„Nicht jeder nimmt sie gern in die Hand", sagte der Junge. „Nicht mal die Sprechstundenhilfe oder der Arzt."

„Und deshalb habt ihr die Taschen oft in der Schule, nicht wahr?"

„Ja."

„Es ist eine Schule für Behinderte?"

„Ja."

„Wie alt bist du?"

„Dreizehn."

„Und deine Eltern? Lebst du bei ihnen?"

„Ich habe keine. Meinen Vater hat nicht mal meine Mutter richtig gekannt, und meine Mutter starb bei einem Autounfall, als ich fünf Jahre alt war."

„Wohnst du in einem Waisenhaus? Hier bei uns in Weilheim?"

„Ja."

„Hast du noch viele Erinnerungen an deine Mutter?"

„Fast gar keine. Wenn ich nicht ein paar Fotos von ihr hätte, wüßte ich nicht, wie sie ausgesehen hat. Wir haben damals in einem winzigen Häuschen in Ammersreuth bei Rosenheim gelebt. Die Leute sagten, es sei das kleinste Haus der Welt. Deshalb mußte ich immer draußen vor der Tür spielen. Ich war immer nur draußen und sie drin, und ich glaube, manchmal war auch ihr Freund zu Besuch. Ich habe immer die Vögel beobachtet und gelernt, sie zu unterscheiden."

„Daher wohl dein Interesse?"

„Vielleicht."

„Wie heißt du?"

„Lorenz Kreuzer."

„Und ich heiße Ingo Brenner."

„Ich weiß. Ich kenne den Namen von den großen Kuverts, die nicht in den Briefkasten passen." Lorenz nagte an der Unterlippe. Dann sagte er: „Geht es nicht doch, daß ich mal mit hin zu den Steinadlern komme?"

„Nein. Es geht wirklich nicht."

„Und wenn Sie mit meinem Heimleiter reden?"

„Geht es trotzdem nicht. Ich kann dich einfach nicht bei meiner Arbeit gebrauchen."

„Wegen meiner Hand nicht?"

„Und wenn du sieben gesunde Hände hättest, nicht. Das Risiko ist zu groß. Es ist zu gefährlich."

„Ich kann mit der Hand ebenso klettern wie . . ."

„Aber auch ebenso erfrieren. Oder ebenso von einer Lawine erfaßt werden. Oder dich ebenso im Schneesturm verirren oder eine Lungenentzündung kriegen."

Der Junge erwiderte nichts darauf.

„Oder habe ich nicht recht?"

Lorenz Kreuzer zuckte mit den Schultern.

„Ich bin nicht dein Vati und nicht dein Heimleiter", sagte Ingo Brenner. „Auch nicht das Jugendamt oder wer sonst für dich verantwortlich ist."

„Na schön", sagte der Junge und bückte sich nach seiner Schultasche. „Trotzdem vielen Dank für das Brötchen."

„Keine Ursache."

„Also, auf Wiedersehen."

„Auf Wiedersehen."

Der König der Lüfte

Der Frost schützte die nackten Felsen des Haslingermassivs; er half mit, ihnen ihre majestätische Ruhe zu bewahren. Niemand wollte hier sein Leben fristen. In den Fahrrinnen des Wegs, dort wo das Siegertal in ansteigendem Gelände endet, war das Schmelzwasser bis auf den Boden gefroren. Der Schnee im Wald war so hart, daß man, fast ohne einzusinken, darauf gehen konnte. Ingo Brenner hatte den Wagen weiter unten, auf dem Parkplatz der Wanderfreunde, abgestellt. Jetzt befand er sich mit umgeschnalltem Rucksack auf dem Aufstieg. Nach einer Stunde Marsch erreichte er die Ornithologenhütte.

Die Flügelschrauben, mit denen im Innern der Hütte die Fensterläden befestigt waren, waren so vereist, daß sie an der Haut klebten. Als Brenner die Holzläden nach außen schob, flutete Licht über den Kiefernholztisch, die Eckbank und den Eisenherd. Der große Mann rüttelte die alte Asche des Herds durchs Gitter in den Aschkasten und legte eine zerknüllte Zeitung auf. Darauf schichtete er trockenes Spanholz. Dann ging er nach draußen und fegte mit dem Strohbesen Schnee vom aufgestapelten Brennholz. Er mußte die einzelnen Scheite losbrechen, so sehr waren sie vereist.

Bald knisterte das Feuer mit platzenden, sprühenden Funken. Der Kaminsog riß die Flammen gierig ins Ofenrohr, und oben, wo das Rohr schadhaft war, sah man den Widerschein gegen die Holzdecke züngeln. Er legte Holz auf, bis es gegen die Ringe drückte, dann schob er die Feuertür ein, schloß die Luftklappe und verließ die Hütte. Blauer Rauch stieg kerzengerade vor dem Tannenwald auf. Wo er oben an den schneeverpackten Wipfeln vorbeikam, war der Rauch grau, vor dem blauen Himmel jedoch war er weiß wie Dampf.

Hier gab es jetzt im Winter keinen Weg und keinen Pfad mehr, und selbst die Wechsel des Rotwilds mit den kleinen, markanten Eindrücken der Hufe, den zahlreichen lustig in- und auseinanderlaufenden Spuren verliefen sich mehr und mehr. Der Schnee im Wald war übersät mit den kleinen Mulden, die vom Geäst herabgefallene Schneeklumpen verursacht hatten, und dies alles war garniert mit welken braunen Nadeln.

Der Mann folgte jetzt dem Verlauf eines zugefrorenen Bächleins, bis er in den Latschenbereich hinaufkam und freie Sicht hatte. Der Himmel war blau und verlassen. Bald war er am Kasperer Joch, wo unter dem felsigen Spitzmassiv, unter einem buckligen Auswuchs, der Hohe Horst war.

Der Adlerhorst war gut 170 Jahre alt, schon zu Goethes oder Beethovens Zeiten von Adlern bewohnt gewesen. Sein Unterbau aus starken Ästen war grau und so von Kot und Fäulnisbakterien zersetzt, daß er an manchen Stellen zu einer gipsartigen Masse verhärtet war. Mit dem Fernglas konnte man in den Horst nur hineinsehen, wenn die Sonne im Sommer weit westlich, fast schon im Norden, zwischen zwei Berggipfeln unterging und ihr goldenes Licht unter den Auswuchs hineinstrahlte. Doch jetzt war der Horst unbewohnt.

Jenseits der Kuppe, die ins Nachbartal führte, lag die Senke, um die der Ornithologe hoch oben herumging, bis er an das

Plateau gelangte, wo noch immer das Teleobjektiv, das er im vergangenen Herbst hier vergessen hatte, unter Schnee begraben lag. Von der wenige Meter breiten, latschenumschlossenen Plattform aus hatte er gute Sicht zum Hirschstangenhorst, der genau auf der entgegengesetzten Seite lag. Dahinter ragte, halb verdeckt, das Kasperer Joch auf. Man sah aber die breiten, jetzt schon vom Schnee bedeckten Geröllfelder, die vom Kasperer Joch aus in die Tiefe stürzten, den Tummelplatz für Murmeltiere und Gemsen.

Diesen Horst hatten Fritz und Roswitha, das Adlerpaar, vor sieben Jahren selbst errichtet. Ingo Brenner hatte beobachtet, wie Fritz die Hirschstange eines Zwölfenders in den Fängen hochgetragen und in den Unterbau des Horstes eingebracht hatte. Zweimal hatte Roswitha hier je zwei Eier abgelegt. Einmal waren die Eier tot wie Steine gewesen. Das Adlerpaar hatte statt der üblichen sechs Wochen vierzehn Wochen geduldig und ausdauernd darauf gebrütet. Dann hatte Ingo die Eier herausgenommen und im Labor untersucht. Wegen des geringen Kalziumanteils waren die Schalen zu dünn gewesen. Der Inhalt war mit Heptachlor, einem Saatgutbeizmittel, vergiftet gewesen, das die Adler mit Beutetieren aus den Feldern im Voralpengebiet aufgenommen hatten, wo sie der Kälte wegen den Februar über gejagt hatten.

Drei Jahre später hatten Fritz und Roswitha zwei Junge ausgebrütet. Dann hatte ein Fabrikantenehepaar aus Westdeutschland in Mittenwald einen Hubschrauber gemietet und war mit dem Piloten heraufgeflogen. Sie hatten von den Adlern gehört und wollten sie aus der Nähe fotografieren. Der Hubschrauber ging knatternd und dröhnend bis fünfzehn Meter an den Hirschstangenhorst heran. Seine ungestümen

Windböen rissen Zweige und Äste aus den Bäumen, sein ohrenbetäubendes Knattern quälte und folterte die Tiere, die hier lebten. Fritz und Roswitha flüchteten und ließen die Jungen schutzlos zurück. Sie starben beide noch am selben Tag. Jetzt war der Horst so verlassen wie der dritte in diesem Revier, der drei Kilometer entfernt in die Felsschulter am Talausgang gesetzt war.

Ingo Brenner kam am nächsten Vormittag noch einmal herauf, doch die Adler waren nicht da. Der Himmel war blau und verlassen, die Senke, der bevorzugte Jagdplatz des Adlerpaares, lag unberührt in ihrem weißen Schneeüberzug.

Lorenz Kreuzer war da, als hätte er die ganze Zeit an dem niedrigen Flachdachbau der Vogelwarte ausgeharrt. Er hatte draußen herumgelungert, seine Nase war rotgefroren. Er kam mit ins Labor herein.

„Wie war's?" erkundigte er sich so selbstbewußt, als wäre er hier zu Hause oder als Assistent eingestellt.

„Kalt war's in den Bergen, kälter als hier", antwortete der Ornithologe.

„Haben Sie die Steinadler gesehen?"

„Nein. Sie sind vermutlich noch an den Südhängen der Alpen, vielleicht aber auch in der Provence oder in der Po-Ebene."

„Im Garten war die Tür eines der Vogelkäfige offen. Der Wind hat sie gegen das Maschendrahtgitter geschlagen, und ich habe sie zugemacht."

„Vielen Dank, Mitarbeiter."

„Übrigens", sagte der Junge, „mein Heimleiter und ich haben über Sie und Ihre Arbeit geredet."

„So?"

„Ja. Wir finden beide, daß Sie Ihre Arbeit gut machen, und Sie sollten so fortfahren."

„Soll ich dich jetzt rausjagen?"

Lorenz rannte lachend um den Bleitisch herum, und seine verkrüppelte Hand kam heraus, um sich an der Kante abzustützen. Er stand nun hinter dem Tisch.

„Er möchte mit Ihnen reden", sagte er. „Ich habe ihm gesagt, daß Sie mich mit zu den Adlern nehmen würden, wenn er es erlaubte. Er hat geantwortet, daß Sie vorbeikommen und mit ihm drüber reden sollten."

„Das ist nicht wahr."

„Es ist schon wahr. Er wartet auf Ihren Besuch. Es wäre unhöflich, wenn Sie nicht hingingen."

Der graue Blick des Jungen fiel durch weiche Wimpern und gab wenig von der Hartnäckigkeit preis, die dahintersaß. Er wollte die Steinadler sehen, und er würde sie sehen.

„Sie müssen natürlich einen guten Eindruck machen, wenn Sie hingehen", sagte er. „Schütteln Sie Ihren feinsten Anzug aus. Und borgen Sie sich von Ihrem Chef eine hübsche Krawatte."

„Jetzt aber raus!" rief Ingo Brenner.

Dann stand der Junge auf dem Gartenweg, zur Flucht bereit, und fragte: „Also, wann soll ich ihm sagen, daß Sie kommen?"

„Scher dich zum Teufel", rief Ingo und schloß die Haustür.

Am nächsten Tag kam der Junge mittags nach der Schule vorbei. „Was hat der Heimleiter gesagt?" fragte er.

„Du hast es geschafft", antwortete Ingo. „Du darfst in vierzehn Tagen für ein Wochenende mitfahren."

Gegen Ende Februar war es auch in den Bergen wärmer geworden. Im Siegertal, an seinem Ende, eilten gurgelnde Wasser in Rinnsalen durch den Wald, von den schneefreien Bäumen tropfte es, die Stämme waren naß und dufteten wild und würzig. Mit Ingo Brenners Schritten hielt der Junge gut mit. Vermutlich strengte er sich an, um nicht in Ungnade zu fallen.

In der Hütte packten sie den Inhalt ihrer Rucksäcke aus. Ingo verzichtete darauf, jetzt schon Feuer zu machen. Er nahm nur das große Fernglas mit, und jetzt stiegen sie durch den Wald weiter nach oben. Als sie aus den Tannen herauskamen, sahen sie das Kasperer Joch, das Fetzen aus der geschlossenen gelblichen Wolkendecke gerupft hatte und sie festhielt.

„Dort ist er", sagte Ingo.

Der Steinadler strich zur Linken durch die Wipfel der Tannen, segelte über die Kuppe hinweg und ließ sich in Richtung zum Nachbartal abfallen. Er hatte Lorenz erschreckt. Der Junge hatte vorher Bussarde gesehen und ihre Spannweite bewundert. Aber dieser Raubvogel hier war bestürzend groß gewesen.

„Ist er allein da?" fragte der Junge.

„Sie sind nie allein. Jede deutsche Ehe könnte sich ein Beispiel an ihnen nehmen. Erst wenn einer stirbt, sucht sich der andere einen neuen Partner."

Als sie auf dem Scheitelpunkt der Kuppe angelangt waren, sah der Junge nirgendwo einen Adler. Doch der Vogelkundler, der einen geübteren Blick hatte, sah ihn drüben am Fels des Kasperer Jochs entlangstreichen, dunkel und flüchtig wie der Schatten eines Flugzeugs, das vor der Sonne vorbeifliegt. Er reichte dem Jungen das Fernglas, und der fing den Greif ein und verfolgte ihn im Flug. Er sah die langen, gefiederten Flügel, die sanft geknickt hoch über Kopf und Rumpf gezogen waren, und den im Abwärtsflug geschlossenen Schwanz. Die Handschwingenenden waren nach oben gebogen, die Läufe eng an den Leib gezogen. So schwenkte der Adler von der Felswand weg und schoß weit hinüber, ließ sich zur Senke hin fallen und vom Aufwind, der hier stets entstand, ohne einen einzigen Ruderschlag nach oben tragen.

Kreisend gewann er an Höhe. Nichts außer seinem Schwanz bewegte sich jetzt. Der fächerte aus und schloß sich wieder oder blieb halb geschlossen. Die Flügel waren V-förmig über den Rücken angehoben. Durchs Glas sah Lorenz den rostfarbenen metallischen Schimmer auf dem dunkelbraunen Gefieder des Rückens und der Oberschwingen, den goldfarbenen Kopf und Nacken, sah das zu den Zehen hin heller werdende Gefieder und sogar die graubraune Marmorierung der Schulterfedern. Er war im Fernglas riesig und im Anflug gewaltig.

„Ist es Fritz oder Roswitha?" erkundigte sich der Junge.

„Fritz. Seine Frau sitzt drüben auf einer ihrer beliebten Warten, auf der einsamen, vom Blitz zerrissenen Kiefer dort."

Als Lorenz den Stamm der Kiefer im Glas eingefangen hatte, drückte Ingo das Glas sanft nach oben, so daß dessen Blick den Stamm hinaufglitt. Und da saß der andere Steinadler. Nicht aufrecht wie ein Bussard, sondern geneigt, wie eine Ente sitzt. Aber es war, als säße ein Raubtier groß wie ein Wolf dort im Baum.

„Jetzt aufgepaßt!" sagte Ingo.

Wo die von Schneeflecken durchsetzte Senke im Süden vor dem Waldrand abfiel, traten zaghaft und wachsam Rehe aus der dem Wald vorgelagerten Fichtenschonung. Es waren drei Tiere. Jetzt äste eines, während die anderen mit hochgehaltenen Köpfen starr die Senke überblickten. Wegen des böigen Windes über der Senke stabilisierte das Adlermännchen mit einseitigen Flügelschlägen oder nur mit der Bewegung einer Hand. Aus einem weiten Kreis flog er den Wind an, nahm die Flügel etwas zusammen, so daß sie weniger eckig wirkten, hatte den Schwanz weit gefächert und hielt sich so fast an derselben Stelle, sank dann aber ab und gewann mit zwei kräftigen Ruderschlägen wieder an Höhe.

„Wird er eines der Rehe kriegen?" fragte Lorenz aufgeregt.

„Kaum."

„Haben die Rehe den Adler gesehen?"

„Längst."

„Und haben sie keine Angst?"

„Sie sind nur beunruhigt. Aber solange sie dicht beieinander stehen, kann ihnen der Raubvogel nichts anhaben."

„Weiß der Raubvogel das?"

„Nicht ganz. Er könnte ihnen etwas anhaben, wenn er noch mehr Mut hätte. Aber er erhofft sich keine Beute von ihnen. Vielleicht wird er sie erschrecken. Es sind gesunde Tiere und keine Kitze dabei."

Die Rehe hatten sich weiter der Mitte der Senke genähert. Wachsam verhofften sie, senkten dann die schlanken, biegsamen Hälse, um zu äsen. Eines von ihnen scharrte mit dem Huf Schnee auf, suchte nach dem Gras darunter, scharrte noch einmal und senkte den Kopf erneut. Wind strich rauschend durch die Wipfel der Bäume. Die Wipfel kreisten leicht im Wind. Die tiefstehende Sonne sah man jetzt als gebrochenes Gold im schattierten Gelbgrau der Wolken.

In diesem Augenblick flog Roswitha auf und strebte mit wuchtigen Schlägen von der Kiefer weg. Sie nahm die Flügel eng an den Körper und stieß im Gleitflug auf die Rehe herab. Im pfeilschnellen Stoßflug, mit ungeheurer Beschleunigung, entfaltete sie ihre riesigen dunklen Flügel und segelte einen halben Meter über die Rehe hinweg. Sie gewann rasch an Höhe und kreuzte kreisend den Flug ihres Partners.

Nur eines der Rehe war im Schreck zwei hastige Schritte zurückgewichen und in die Hinterläufe eingebrochen. Alle drei beobachteten zunächst besorgt den Flug des Raubvogels. Aber sie flüchteten nicht. Wenig später ästen sie ruhig weiter.

„Jetzt ist es vorbei", sagte Ingo Brenner.

Ihre Blicke folgten den Steinadlern, wie sie von der Thermik hochgetragen wurden und gegen den Wind davonflogen.

„Kann ein Adler ein Reh auch töten?" fragte Lorenz.

„Leicht. Er schlägt seine Krallen durch die Schädeldecke und tötet es auf der Stelle. Aber sie wagen es nur selten. Eher versuchen sie, Großtiere in Abgründe zu treiben und hinabzustürzen und sich dann vom Aas zu ernähren."

Auf der Plattform lag alter Schnee, der kristallisiert und hart war, mit flachen Zungen, an denen die Schneekörner ausschmolzen. Das Schmelzwasser sammelte sich in Rinnsalen und würde weiter unten die Bäche und Flüsse in den Tälern speisen.

Der Vogelkundler zeigte dem Jungen den Horst. Lorenz musterte ihn lange durch den Feldstecher. „Sieht aus wie ein Hirschgeweih", sagte er.

„Ja. Es ist eine Hirschstange, die Fritz hinaufgetragen hat. Hirsche verlieren im Herbst ihr Geweih und bekommen dann im Frühjahr ein neues."

„Es liegt grünes Zeug drin, wie in einem Osterhasennest."

„Wirklich?" Ingo schien überrascht. Er nahm das Glas aus den Händen seines Begleiters. Drüben lagen frische Nadelzweige in dem Horst.

„Sie werden den Sommer über wieder hierbleiben", sagte er erfreut. „Wenn sie das vorhaben, schmücken sie die Horste und statten sie neu aus. Damit zeigen sie auch den durchfliegenden Adlern, daß die Horste schon belegt sind. Manchmal bespritzen sie sie zu diesem Zweck auch mit ihrem Kot."

„Dann freut es mich, daß ich die Zweige entdeckt habe."

„Ja. Es ist ein gutes Zeichen."

Mit seiner verkrüppelten Hand schob der Junge das schwere Fernglas ins Futteral und die Federschließe durch den Bügel. „Wie viele Horstplätze gibt es in den Alpen?" fragte er.

„Einige hundert, die bekannt sind. Aber es gibt viele versteckte und unzugängliche, die noch nie ein Mensch aus der Nähe gesehen hat."

Als der Dämmer in der Senke nistete und die Schneeflecken dort dunkeln ließ und die Tannen schon schwarz waren, stiegen sie von der Plattform auf einem gewundenen Pfad aufwärts, der jetzt nach der Schmelze in seinem Verlauf feucht und dunkel zu erkennen war. Jetzt sahen sie das große Tal mit dem gewaltig aufragenden Bergmassiv, die bleifarben blinkende Linie des Flusses, der daran entlanglief, und die helle, gerade, scharf gezeichnete Linie, die Straße.

Ingo blieb stehen und nahm das Fernglas aus dem Futteral, das der Junge an einem Riemen um den Hals trug. Unten, von der Madlener Alm, sah er aus dem Schornstein auf dem flachen Schieferdach windzerrissenen Rauch aufsteigen. Von der Hütte konnte man fast nur das Dach sehen, weil sie eng an die Felsen gebaut war, und ein paar farbige Bier- und Limonadenkisten, die an ihrer Rückwand gestapelt waren.

„Was möchtest du lieber zu Abend essen?" fragte er den Jungen. „Landjägerwürste mit Brot, oder Pfannkuchen mit Orangenmarmelade und Honigtee?"

Lorenz zuckte bescheiden mit den Schultern.

„Würdest du eine Stunde Mehrweg für die Pfannkuchen in Kauf nehmen?"

Der Junge nickte nachdenklich. Er wußte nicht genau, worauf der große Mann hinauswollte.

„Na, dann komm!" sagte Ingo.

Als gehörte einem der Berg allein . . .

Sie erreichten die Madlener Hütte nach einer halben Stunde Abstieg. Sehr weit unten sah man einzelne Lichter eines Dorfes. Die beiden kleinen Kreuzrahmenfenster der Hütte waren erleuchtet. Ingo und der Junge traten über die hohe Schwelle auf die Dielen, die den Fußboden bildeten. Eine hochgewachsene junge blonde Frau stand an einem geöffneten Geschirrschrank, einen Teller und ein Trockentuch in den Händen.

„Guten Tag, Bernadette", sagte Ingo Brenner.

„Ach, Sie sind's", sagte die junge Frau. „Ich habe Schritte von oben runter gehört. Es war fast zum Fürchten."

Es war warm in dem Raum — die behagliche Wärme, die von einem richtigen Feuer und nicht von einem Zentralheizungskörper herrührt. Durch die Ritzen in dem großen Herd sah man es lodern. Und an der Kupferstange, die um den Herd herumlief, und ebenso am kupfernen Wasserschaff sah man den Widerschein des Feuers spielen. Es duftete nach Bratäpfeln, die sich auf der Herdplatte wiegten und in der Hitze Bläschen trieben.

Die junge Frau trug wie Lorenz dunkelblaue Jeanshosen und eine grobgestrickte graue Trachtenjacke mit schwarzem und rotem Einsatz. Ihr Haar war aus der Stirn nach hinten gekämmt und im Nacken mit einem Bernsteinkamm zusammengehalten. Ihr Gesicht wirkte offen und ehrlich.

Ingo und der Junge zogen ihre Jacken aus und hängten sie an die Holzhaken neben der Eingangstür. Sie setzten sich auf die Holzbank hinter dem festen Tisch.

„Wieder nach den Adlern unterwegs?" fragte Bernadette.

„Ja. Wir haben sie über der Senke gesehen."

„Sie sind schon seit zehn Tagen da", sagte die Frau. „Sie waren über Neujahr da und sind dann weg." Sie sah auf die verkrüppelte Hand des Jungen, die neben der gesunden Hand auf der Ahornplatte des Tisches ruhte. „Und wen haben Sie mir da mitgebracht?" fragte sie. „Der arme Junge ist ja völlig verfroren."

„Es ist Lorenz Kreuzer, ein Junge aus einem Heim in Weilheim. Er ist sehr sensibel. Sie müssen ihn zart anfassen, wenn Sie mit ihm reden." Ingos breites Gesicht verzog sich zu einem Schmunzeln.

„Es ist Quatsch, was er sagt", meldete Lorenz sich.

„Das weiß ich. So sensibel sieht er auch gar nicht aus. Aber wenn Sie ihn schon mitschleifen, sollten Sie ihn bei der Kälte nicht ohne Schal herumlaufen lassen. — Hast du vorher schon mal Adler gesehen?" wandte sie sich an den Jungen.

„Nein."

„Und haben sie dir gefallen?"

„Sehr."

„Weil sie so gewaltig sind, nicht wahr?"

Der Junge nickte. Die Frau gefiel ihm. Sie sah mütterlich und nett aus, mit ihren grünlichen Augen und den gerundeten Wangenknochen und dem feinen blonden Flaum auf den Wangen.

„Und jetzt hast du sicherlich Hunger, nicht wahr?"

„Nein, es geht", antwortete Lorenz.

„Dann werde ich mal gleich die Pfannkuchen anrühren und Wasser für einen heißen Tee aufstellen."

„Habe ich dir nicht gesagt, wir kriegen welche?" flüsterte Ingo dem Jungen zu.

Dann saßen sie über den Pfannkuchen, die die Frau auf Steinguttellern serviert hatte. Wie Ingo vorhergesagt hatte, gab es heißen Pfefferminztee mit Honig.

„Hast du die Hand seit deiner Geburt?" fragte Bernadette den Jungen.

Lorenz nickte.

„Er ist ein Contergankind", sagte Ingo erklärend.

Sie nahm die verkrüppelte Hand in ihre weiche warme rechte Hand, so daß die Finger in dieser Hand geborgen waren. Sie hielt die Hand sehr lange. Es gefiel ihm, wie sie seine Hand hielt.

„Er hat auch keine Eltern", fügte Ingo hinzu. „Aber er ist tapfer wie ein Maulwurf."

„Ein Maulwurf ist nicht tapfer", entgegnete sie.

„Wenn er angegriffen wird, kann er mächtig tapfer sein", sagte Ingo. „Mich hat mal einer in den Finger gebissen und über eine ganze Wiese davongejagt. So tapfer wie dieser Maulwurf ist dieser Bursche hier. Außerdem hat er eine Reihe weiterer hervorragender Eigenschaften."

„Welche?" fragte sie.

„Er kann auf Milchflaschen aufpassen, damit die Meisen nicht das Stanniol durchhacken. Und er kann auf Brötchen aufpassen, daß sie nicht geklaut werden."

Sie legte ihre Stirn in Falten. „Das ist doch Blödsinn", sagte sie. „So wie er aussieht, kann er viel mehr als nur das."

Als der Junge später im Nebenraum die eingebrannten Inschriften auf der Zirbelkiefernvertäfelung las, sagte Ingo Brenner, sehr ernst diesmal, zu der Frau: „Er macht jetzt schon, vorzeitig, die Schule fertig. Im Sommer soll er nach Kiel, in ein modernes Heim für behinderte Kinder, wo er eine Lehre machen wird. Er hat einen sehr geraden Weg vor sich. Aber seit er ständig an meiner Vogelwarte vorbeikommt, will er unbedingt Vogelkundler werden, und das reißt ihn ganz aus seiner vorgeschriebenen Bahn. Der Heimleiter ist über die Entwicklung nicht sehr glücklich."

„Können Sie ihm das mit dem Vogelkundler nicht ausreden?"

„Dem was ausreden? Eher reden Sie einem Säugling was aus!"

„Und kann er denn nicht Ornithologe werden?"

„Natürlich könnte er. Theoretisch könnte er es. Aber das Heim dort oben ist nagelneu. Er hat ein hübsches Zimmer für sich. Er ist der einzige aus Bayern, den sie nehmen. Es sind fabelhaft gute Ärzte und Pflegepersonal dort. Soll er das alles aufs Spiel setzen — wegen etwas, das sich womöglich nur als flüchtiger Augenblickstraum herausstellt?"

„Haben Sie denn niemand, mit dem Sie dieses Problem besprechen können?" fragte sie.

„Ich bespreche es doch gerade mit Ihnen."

„Ich meine, mit jemand Kompetentem. Mit einem Vertreter des Jugendamts zum Beispiel."

Ingo zuckte mit den breiten Schultern. Sie wölbten sich vor, als er mit aufgelegten Unterarmen am Tisch saß. „Ich kann's auch mit dem Schornsteinfeger besprechen, wenn er das nächste Mal vorbeikommt. Warum hat ihn der Heimleiter nur an dieser verdammten Vogelwarte vorbeilaufen lassen."

„Nun nehmen Sie es nicht so schwer", sagte Bernadette besänftigend. „Der liebe Gott wird es letzten Endes schon einrichten."

Der Junge kam wieder herein. Sein knochiges Gesicht glühte von der Wärme, fast wie die Kupferstange am Herd. Bernadette brachte die Bratäpfel. An der verbrannten Stelle des Apfels war das Fleisch eingefallen. Lorenz brachte behutsam die Zähne an die Haut und zog sie an dieser Stelle ab, so daß das weiße, heiße Fleisch freilag. Er blies den Apfel an, um ihn zu kühlen und schabte mit seinen weißen, etwas auseinanderstehenden Zähnen vorsichtig den ersten Bissen ab.

Über der Anrichte erschien im dunklen Uhrgehäuse ein bunter Kuckuck und ließ sechsmal einen gräßlich schrillen Ruf ertönen. Bernadette lächelte dazu, als wollte sie sich für den Kuckuck entschuldigen. Der Ornithologe stand auf, um sich zu verabschieden. Er mußte sich bücken, um nicht an einem der Deckenbalken anzustoßen.

„Soll der Junge jetzt in der Nacht noch zu Ihrer Hütte?" fragte die Frau.

„So war es geplant", antwortete Ingo.

„Er hat glatte Sohlen an den Schuhen, und der Weg ist rutschig."

„Er wird es schon schaffen."

„Das schaffe ich mit meinen Sohlen", sagte auch Lorenz. Er war sorgsam darauf bedacht, sich keine Blöße zu geben, die dazu führen mochte, daß Ingo ihn nicht mehr mit hier herauf nahm.

„Nein, es kommt nicht in Frage", sagte die Frau jetzt streng. „So müde, wie er aussieht. Nein, ich lasse den Jungen nicht mit. Man kann ihm jetzt einen so langen Marsch nicht zumuten."

Ingo und Lorenz blickten einander etwas ratlos an. „Er hat aber kein Waschzeug und keinen Schlafanzug dabei", sagte der große Mann etwas kleinlaut.

„Ein Stück Seife werden wir schon auftreiben", erwiderte sie. „Ein Hemd kriegt er von mir. Wasser läuft hinten, und seine Zähne werden es vertragen, wenn sie mal nicht geputzt werden."

„Also?" fragte Ingo den Jungen.

„Aber nicht, daß Sie mir morgen Vorwürfe machen", entgegnete der.

Ingo legte dem Jungen lächelnd eine seiner schweren Hände auf die Schulter.

„Wir sehen uns morgen auf der Plattform, ja?"

„Gut", sagte Lorenz.

Nachdem Ingo gegangen war, unterhielten Lorenz und Bernadette sich noch eine Weile. Sie erzählte ihm, daß sie die Tochter eines Bauern von unten vom Dorf war und daß sie bereits als Kind das Vieh hatte herauftreiben und während der Sommerferien betreuen müssen. Die Hütte gehörte ihr. Ihr Vater hatte sie ihr geschenkt, samt den umliegenden Almwiesen. Keines ihrer Geschwister wollte sie haben, weil man mit Hütten dieser Art nicht viel Geld verdienen kann.

„Aber ich möchte Fremdenzimmer einrichten, fünf kleine freundliche Zimmer mit insgesamt neun Betten. Ich bin soeben dabei, aus Katalogen Vorhänge, Bettzeug, Geschirr und alles andere zusammenzustellen. Es regt mich ziemlich auf, weil ich dann ja ein richtiger und ganz auf mich allein gestellter Unternehmer bin."

„Und wie bekommen Sie die Sachen alle herauf?" erkundigte sich Lorenz.

„Mit meiner Schaukelpost. Sie geht oben von der Tenne an einem Drahtseil bis nahe ans Dorf. Früher hat man in der Kiste, die an dem Seil hängt, die Milchkannen zu Tal geschafft. Jetzt lohnt es sich nicht mehr, Kühe heraufzutreiben. Aber ich benutze die Seilbahn immer noch. Wenn es oben dengelt, weiß ich, daß ich die Kiste hinunterschicken muß, oder daß sie auf dem Weg herauf ist."

„Toll."

„Ich hänge sehr an dieser Hütte hier. Ich möchte sie um nichts auf der Welt hergeben."

„Das kann ich verstehen."

„Obwohl sie gar nicht sonderlich schön ist."

„O doch. Sie ist wunderschön. Sie ist so gemütlich und ordentlich und behaglich. Ich würde gerne in so einer Hütte leben."

„Aber sie macht auch viel Arbeit. Ich muß Holz herbeischaffen und viel am Haus selber instand setzen. Ich könnte in fünf Handwerkerberufen als vollwertige Arbeitskraft anfangen. Nein, das ist übertrieben. Aber ein wenig kenne ich mich schon aus."

„Ich finde es schön, ganz in der Natur zu wohnen", sagte Lorenz.

„Ja, das ist schön. Wenn man allein auf einem Berg ist, wie ich es häufig bin, hat man das Gefühl, als gehörte der Berg einem ganz allein. Und so ist es auch. Es ist dann wie früher, vor Jahrhunderten und Jahrtausenden, als der Mensch noch ein Teil der Natur war. Heute ist er es nicht mehr. Er ist der Natur entrückt und hat seine eigene Welt errichtet: Betonhäuser, Straßen, Überlandleitungen, Autos. Aber wenn man ganz alleine in einem See badet, gehört einem der See ganz, und man ist ein Teil der Natur."

„Das stimmt", sagte Lorenz eifrig. „Ich war einmal allein im Tüttensee beim Baden, in der Nähe von Traunstein. Es hat geregnet, und alle Urlauber waren weg. Es war wirklich so, als hätte der See mir ganz alleine gehört, als ich im Regen hinausgeschwommen bin."

Bernadette nickte. „Es ist ebenso schön, allein in einem Wald spazierenzugehen. Und hier auf dem Berg ist es nicht anders. Deshalb möchte ich die Hütte ausbauen und für immer hierbleiben."

Sie zeigte ihm Kataloge und Prospekte von Einrichtungsfirmen und die Stücke, die sie kaufen und heraufschaffen lassen wollte. „Und die Hütte wird weiß getüncht", fügte sie hinzu. „Die Fensterläden werden blau, mit Malereien darauf."

Dann sagte sie, daß sie Ingo Brenner einen Schal gestrickt hätte, aber daß sie bis jetzt nicht den Mut aufgebracht hätte, ihn ihm zu schenken. „Ich habe ihn nie mit einem Schal gesehen; du trägst ja auch keinen. Ich habe ihm den Schal eigentlich nur aus Mitleid gestrickt. Ich habe schon so viel Mitleid mit ihm gehabt, daß es für ein Dutzend Schals gereicht hätte. Aber das darfst du ihm nicht sagen."

„Nein. Ich sage es ihm nicht. Weshalb haben Sie so viel Mitleid mit ihm gehabt?"

„Das war damals, als der Hubschrauber die beiden Steinadler verjagt hatte. Das war so schlimm für ihn, daß er seinen

Beruf aufgeben wollte. So groß und stark er ist, so ein Häuflein Elend war er."

„Wie alt waren die Adlerjungen?"

„Sie waren in der fünften Woche. Eines wog genau zwei Kilo, das andere etwas weniger. Wie sie tot in der Waschmittelschachtel lagen, hatten sie noch das flauschige Nestdunenkleid, das drei Wochen später durch die Pelzdunen ersetzt worden wäre. Sie waren ganz weiß und auf dem Rücken stahlgrau. Die weißen Dunen hatten zierliche, rauchgraue Spitzen. Nur rund um die Augen waren die Tiere schwarz. Die Augen schimmerten ganz blau, sie opalisierten, auch nachdem die Kleinen tot waren."

„Hat es Ihnen auch leid getan?"

„Ganz schrecklich. Um die Tiere und um ihn. Es war eine wirkliche Tragödie. Ich wünsche es ihm von ganzem Herzen, daß in diesem Jahr wenigstens ein Jungadler ausfliegt. Er kommt mir seit Jahren vor wie eine Fabrik, die irgend etwas herstellen soll, aber nie etwas zustande bringt." Sie saß ihm gegenüber am Tisch und nahm seine verkrüppelte Hand in ihre Hand, die wieder warm wie die Frühlingssonne und schützend wie ein gutes Zuhause war.

„Wärst du lieber mit Ingo in seine Hütte gegangen?" fragte sie.

Er schüttelte kurz den Kopf. „Der Weg hätte mir nichts ausgemacht. Aber hier ist es viel behaglicher."

„Wie war es bei dir früher zu Hause?"

„Meine Mutter hat mich immer vors Haus geschickt, zum Spielen. Ich kann genau beschreiben, wie das kleine Häuschen aussah. Es war, glaube ich, nicht halb so groß wie dieses hier. Zur Tür hinauf führten zwei ausgetretene Steinstufen. Wo die Tür abschließen sollte, war die Stufe so ausgetreten, daß man fast den ganzen Küchenboden überblicken konnte."

„Erzähle weiter."

„Eine Zeitlang habe ich an den Fingern gezogen, weil ich wollte, daß die Hand herauswächst." Der Junge lachte laut auf, und seine graublauen Augen sprühten vor Heiterkeit. „Daran erinnere ich mich. Ich dachte immer, die Hand wäre noch im Arm drin und müßte herauswachsen." Er lachte wieder. „Oft habe ich mich in die verlassene Hundehütte verkrochen, die hinter dem Haus stand. Es roch dort immer nach Hund, nach alten Knochen. Ich fühlte mich in der Hütte richtig wohl. Meine Mutter kam oft und rief mich, und ich hielt mich dort versteckt." Er lächelte die Frau an. „Als sie herauskriegten, daß ich immer in der Hütte verkrochen war, brachten sie mich in eine Klinik, und ein paar Ärzte stellten mir komische Fragen. Sie zeigten mir Farben, und ich sollte sagen, welche mir gefielen. Und ich mußte Bilder malen, und sie standen beisammen und brüteten drüber. Sie fragten mich, ob ich oft schlecht träume und ob ich immer alle Menschen wiedererkenne oder manchmal nicht. Dabei wälzten sie dicke Bücher und sahen mich scheel von der Seite an. Heute weiß ich, daß sie herausfinden wollten, wie verrückt ich war. Aber meine Mutter und die Ärzte erklärten mir, sie wollten herausfinden, wie intelligent ich sei. Sie sagten es gerade anders herum."

Lorenz lachte wieder laut und belustigt auf, und auch Bernadette mußte lachen. Der Junge gefiel ihr, weil er so fröhlich war. Seine kleinen, etwas auseinanderstehenden Zähne leuchteten im warmen Licht. Mit der gesunden, freien Hand schob er sein dunkles Haar aus der Stirn und steckte es hinters Ohrläppchen, wo es gut hielt.

„Und wie gefällt es dir in Weilheim? In dem Heim?" fragte Bernadette.

„Gut. Aber der Speisesaal ist zu hoch und so kahl. Es gibt nur Säle dort, keine Zimmer. Sogar die Duschräume sind groß wie Turnhallen. Aber hier ist es schön gemütlich. Wenn ich mal erwachsen bin und selber Geld verdiene, komme ich zu Ihnen und mache hier Ferien. Wenn Sie es erlauben."

„Aber natürlich erlaube ich es, Lorenz."

Er blickte um sich, die Vertäfelung hinauf, wo kupferne Kuchenformen blinkten und zinnerne Krüge und Teller standen und auch drei hübsch bemalte Steinkrüge mit verschnörkelten Zinndeckeln. Wände und Decken waren ganz aus Holz. Nur hinter dem Herd gab es eine getünchte Wand aus Rauhputz. Sie war von Rauch und Ruß verfärbt. Alle Schattierungen von weiß bis sandfarben, braun und schwarz waren darauf. Er sah den mit Blumen bemalten Geschirrschrank und die solide gezimmerte Kieferntür, über der mit Kreide K + M + B, die Anfangsbuchstaben der Heiligen Drei Könige, aufgemalt waren.

„Es ist gemütlich wie in meiner Hundehütte", erklärte er. „Nur ordentlicher und wärmer. Nein, es ist viel gemütlicher hier."

„Nun, das ist das erste Kompliment, das mir ein Gast gemacht hat. Und das freut mich. Du bist ja mein allererster Gast. So, nun führe ich dich nach oben und zeige dir dein Bett."

Er folgte ihr eine sehr enge Stiege hinauf in eine dunkle, nach Holz und Heu duftende Welt. Am Ende eines kurzen Flurs öffnete sie eine Tür, und kühle Luft drang ihm entgegen. Doch sie roch würzig nach Schmelzwasser. Sie knipste das

Licht der Tellerlampe an. Der Raum war klein. Nur ein Schrank, ein runder Tisch, ein Stuhl und ein hohes Bett standen darin. Auf dem Bett lag ein dickes Plumeau. Man hatte den Eindruck, als brauchte man eine Leiter, um dort hinaufzukommen.

Wenig später schlief der Junge. Er war bis zum Hals zugedeckt. Am Fenster bildeten sich langsam Eisblumen, der Frost malte sie mit zarter Hand auf. Der Mond kam um eine Zinne des Felsmassivs herum, lugte erst hervor und legte dann einen rautenförmigen, bläulichweißen Schein durchs Zimmer. Das schattenbildende Kreuz des Fensterrahmens teilte diesen Schein. Es war, als wollte der Mond nachsehen, ob der Junge in guter Obhut war.

Der Veitstanz der Krähen

Am nächsten Morgen war der Himmel kristallblau; nur im Westen standen ein paar rosige Schäfchenwolken, etwas verlegen, als gehörten sie gar nicht hierher. Lorenz war von der Hütte aus aufgestiegen und kam jetzt von oben durch die Latschen zu der Plattform herab. Ingo saß auf einem Falthocker, mit einem Fernglas in der Hand und einem Notizbuch auf dem Schoß.

„Guten Morgen", rief er.

„Guten Morgen", antwortete Lorenz.

„Gut geschlafen?"

„Ja. Hier bringe ich Ihnen heißen Kaffee von Bernadette und ein Stück von ihrem Apfelkuchen."

Ingo nahm die metallischgrüne Thermosflasche und den in Butterbrotpapier gewickelten Kuchen entgegen. „Sie meint's viel zu gut mit mir", murmelte er. „Aber es wäre unhöflich, diesen guten Kaffee wegzuschütten."

„Ich bin seit halb sechs Uhr da", sagte er lauter, und sein Atem bildete Frostwölkchen in der frischen Morgenluft. „Es war verdammt kalt und nicht mal 'n Schal dabei."

„Waren die Adler schon da?" fragte der Junge.

„Um halb acht das erste Mal. Jetzt sind sie drüben am Hohen Horst. Sie schmücken auch diesen Horst und den anderen am Talausgang mit frischen Zweigen."

Aus einem durchsichtigen Plastiksack, von dem Nässe perlte, nahm er einen zweiten Falthocker für den Jungen. Er nahm auch ein Stativ heraus und stellte es auf seine gespreizten Beine. Man konnte das Fernglas oder die Kamera auf dieses Stativ aufsetzen. Durch die Linsen sah der Horst nah und unbehaglich aus.

Nadelzweige hingen hell und biegsam über dem Horstrand, wie freundlichere Boten, sie leuchteten grün und schimmerten im Tau. Der Horst war in eine Felsspalte gesetzt, so daß man nur das vordere Drittel von ihm sah. Das hintere Stück verlor sich in der langgestreckten Höhle, die rechts vom Horst endete und sich nach links verflachte.

Einer der Adler huschte als rauschender schwarzer Schatten über die Köpfe der beiden Menschen. Es war Fritz, der sie im Übermut von hinten angeflogen hatte und der jetzt drüben vor der Wand in einer gesegelten Kurve sein herrliches Flugbild ausbreitete.

„Hat wohl versucht, ob er auch uns erschrecken kann?" fragte der Junge in seiner krächzenden Stimmbruchstimme.

„Ja. Und sie hockt wieder drüben auf der Kiefer."

Sie hatten das Fernglas auf dem Stativ. Roswitha wirkte durch das Glas wie ein gewaltiges Fabelwesen. Sie regte sich und war in dieser Bewegung noch schrecklicher. Der Ast, auf dem sie nah am Stamm saß, wippte. Lorenz sah das weiche goldene V auf dem Oberkopf des Greifs. Sie hatte nicht soviel Gold, doch dafür waren ihre Handschwingen und ihr Schwanz hell gebändert. An diesen beiden Merkmalen konnte man Männchen und Weibchen gut unterscheiden. Er brauchte Ingo deswegen nicht mehr zu fragen.

„Dort hinten ist ein Schwarm schwarzer Vögel", sagte er.

Mit dem bloßen Auge waren sie nur schwer, als winzige bewegliche Punkte unter den Schäfchenwolken zu erkennen. Im Fernglas aber sah man sie durcheinanderkreisen, auf- und niedersteigen, mit schweren Flügelschlägen wirbeln.

„Nebelkrähen aus Rußland", sagte Ingo erläuternd. „Sie verbringen den Winter draußen in der Moorlandschaft. Wahrscheinlich sind sie heraufgekommen, weil dort hinten ein aus der Lawine apernder Hirsch liegt."

„Würden Fritz und Roswitha das Aas nicht verteidigen?"

„Kaum gegen einen Schwarm Krähen. Sie sind ihnen zu laut und krakeelend und gehässig. Da überlassen sie ihnen lieber den Kadaver."

Die Krähen waren die Täler entlang heraufgekommen. Am Aas überfahrener Tiere hatten sie immer zu fressen. Wenn sie die Autostraßen entlangflogen, brauchten sie nie zu hungern. Jetzt näherten sie sich aber stetig.

Die Frühlingssonne ließ den nassen Boden dampfen und duften, modrig und nach dem eisenhaltigen Schmelzwasser und nach faulenden Kräutern. Unten sprang ein Eichhörnchen in schnellen Sätzen aus dem Wald, querte das Eck der Senke und verschwand in der Fichtenschonung. Wo unter dem Kasperer Joch ein Teil des Geröllfelds schneefrei war, drangen schrille kleine Warnschreie von Murmeltieren herüber. Schon ein Windstoß ließ sie ängstlich werden, und im selben Augenblick lag das Geröll still und nackt da, als hätte niemals auch nur eine Biene dort gelebt, tot wie die Erde vor vier Milliarden Jahren.

Und die Krähen kamen näher. Es waren gut dreißig Stück, die unruhig und selbstherrlich vom weiten Himmel Besitz ergriffen. Sie bildeten kleine Rotten, schwenkten, schwärmten

auseinander, strebten gemeinsam einer einzelnen Krähe nach und bildeten soviel Ordnung wie ein Kindergarten.

Ingo nahm das Fernglas vom Stativ und setzte die Kamera ein. Klickend ließ er ein Teleobjektiv einrasten. Er kniff ein Auge zusammen und preßte das andere gegen den Sucher. Dann schwenkte er die Kamera. Sie sah wie eine kurze, gedrungene Panzerkanone aus.

„Wird was passieren?" fragte Lorenz.

„Das kann gut sein", antwortete der Ornithologe.

Die Senke mit ihrem fetten, vielversprechenden Boden und den Schneeflecken darauf wirkte einladend auf die Krähen. Sie störten die Ruhe mit ihrem Kräk! Kräk! — sie taten großspurig, wie Eroberer aus einem fernen Land. Mit ihren schweren Leibern und den großen Flügeln bildeten sie vor der Sonne sekundenlang Schatten, so daß die Senke voller Schattenflecken war, die wie Kobolde darüberhuschten.

Roswitha rührte sich gar nicht. Sie sah nicht einmal zu den Krähen hinauf. Sie war erhaben über sie, weil es für sie außer dem Menschen keinen ernsthaften Gegner gab.

Fritz saß ruhig auf dem Rand des Hirschstangenhorstes. Er senkte den Kopf und spreizte die Flügel etwas. Durchs Fernglas sah Lorenz den vom dunklen Gefieder marmoriert abgesetzten Flügelbug. Unter dem starren Auge stachen das Grün des Schnabelansatzes und der scharf und spitz und schwarz gekrümmte Schnabel hervor.

Das Adlermännchen schob mit einem Flügelschlag vom Horst ab, gewann im Sinken an Fahrt, flog die Senke in ihrer Krümmung aus und segelte einen großartigen aufsteigenden Bogen. Über und hinter der gespaltenen Kiefer, auf der Roswitha saß, kam der Steinadler herum und stieß steil und schnell, an Geschwindigkeit fast explodierend, im Stoßflug in die Senke hinab, unter der Krähenmeute durch. Vor dem Horstfelsen stieg er fast senkrecht wieder hoch. Mit nur einem einzigen Bremsschlag der Flügel und vorgereckten Läufen landete er auf dem Felssims neben dem Horst und verkrallte dort seine Zehen in den schiefrigen Stein. Aber er hatte die krähende Meute mit seinem Flug nicht erschreckt.

Er hatte sie auch nicht verjagt. Im Gegenteil: die schwarzen Vögel führten einen wilden Veitstanz auf, ihr Geschrei wurde erregter und durchdringender, ihre turbulenten Flugmanöver ungebärdiger. Die Luft war schier voll von ihrem Geflatter. Es war, als bereiteten sie sich auf die Schlacht vor, die sie oft gegen Bussarde und Habichte geführt hatten. Die Luft über der Senke war jetzt ihr Kriegsschauplatz.

Ingo hatte Roswitha im Sucher seiner Kamera. Sein gekrümmter Zeigefinger drückte den Abzug der Kamera, die mit feinem Sirr-sirr-sirr die Bilder im elektrischen Filmtransport wechselte. Als hätte Roswitha auf dieses Zeichen gewartet, flog sie auf und durch den Krähenschwarm hindurch.

Das hassende Krähenvolk flog den Raubvogel an und wich ihm gewandt aus. Schreiend flatterten sie an den Greif heran, und wie Fledermäuse entfernten sie sich von ihm. Im Manövrieren auf engstem Raum waren sie dem Adlerweibchen ja auch weit überlegen. Roswitha ertrug die Belästigung in stoischer Ruhe.

Hundert und aber hundert Scheinangriffe wurden gegen sie geführt. Zusehends frecher und gehässiger näherten die Raben sich dem langsam kreisenden Adler. Da plötzlich schnellte Roswitha sich auf den Rücken und mit jähem Krallenschlag fing sie eine der abdrehenden Krähen aus der Luft. Ihre Flügel bewegten sich einmal sehr tief und sehr hoch und ließen den Raubvogel wie einen Fahrstuhl aufsteigen. Darauf segelte das Adlerweibchen langsam dem Horst zu. Noch im Flug brachen die Krallen ihres rechten Laufs in die Achsel des Beutevogels und rissen den Brustkorb auf. Dies alles sah Lorenz ganz deutlich, ohne Fernglas, ganz aus der Nähe. Dann war Roswitha neben Fritz auf dem Felssims gelandet. Ungerührt von dem bösen Gekrähe über ihnen machten sich beide über den toten Vogel her.

„Jetzt betrauern sie ihren Artgenossen", sagte der Ornithologe. Er nahm den Finger vom Abzug der Kamera. „Sie haben einen äußerst ausgeprägten Gemeinschaftssinn."

Später entfernte sich der Schwarm der schwarzen Rabenvögel über die Kuppe, wahrscheinlich auch über Bernadettes Hütte hinweg, ins Tal. Drüben rupften die beiden Adler noch an ihrer Beute herum. Dann griff Fritz, der an diesem Tag offenbar Küchendienst hatte, die blutigen, schwarzfiedrigen Reste, flatterte dreißig Meter vom Horst weg, ließ den Müll fallen und kehrte zu seiner Frau zurück.

„Jetzt haben sie ihren Frieden wieder", sagte Ingo Brenner.

„Das war ziemlich aufregend", sagte der Junge. „Was würde geschehen, wenn die Krähen hier blieben und sich hier ebenfalls seßhaft machen wollten?"

„Es wäre für die Adler unerträglich", antwortete der große Mann. „Ich kenne einen solchen Fall nicht, daß Krähen ein Steinadlerpaar aus ihrem Horst vertrieben hätten, doch ich kann es mir gut vorstellen. Steinadler brauchen ähnlich viel Ruhe wie Gemsen oder auch Rehe. Wenn die bei ihrem ruhigen Äsen gestört werden, stimmt ihre Verdauung nicht mehr, und sie werden sehr schnell geschwächt. Alle Tiere sind viel empfindsamer, als man glaubt."

Fritz segelte als erster vom Horst. In der Vormittagssonne leuchtete der purpurne Anflug seines Gefieders hell und metallisch, wie eine lodernde Flamme, auf.

„Uns traut er auch noch nicht ganz", sagte Brenner. „Jedes Jahr muß er sich aufs neue an mich gewöhnen, und diesmal sind wir sogar zu zweit."

Bis in die stillen Mittagsstunden hinein brachte das Adlerpaar weiche grüne Nadelzweige aus jungen Bäumen, meist aus der Fichtenschonung am Rand der Senke. Später strichen sie den Fels entlang ab, und der Hirschstangenhorst lag verlassen da.

48

Bernadette hatte sie zum Mittagessen eingeladen. Es gab Tomatensauce und halbmeterlange Spaghetti, die andauernd von der Gabel rutschten. Man mußte sie einzeln mit der Gabelzinke einfangen und versuchen, sie mit irgendwelchen Tricks in den Mund zu bekommen.

„Kann man mit nur einer Hand auch Ornithologe werden?" erkundigte sich Lorenz.

„Solange du damit Lehrbücher tragen kannst", antwortete Ingo lächelnd.

„Ich kann im Heim die schweren Kohleeimer damit schleppen."

„Dann würde es daran nicht scheitern."

„Hast du irgendwelche Verwandte?" fragte Bernadette.

„Keine richtigen", antwortete der Junge.

„Was heißt: keine richtigen?"

„Sie wohnen in der DDR. Die Eltern meiner Mutter und vielleicht auch ein Onkel oder eine Tante."

„Dann sind es doch richtige Verwandte."

„Wahrscheinlich. Aber ich kenne sie nicht. Und Sie?"

„Ich habe drei Brüder und eine Schwester", antwortete sie. „Und die Eltern und zwei Opas und zwei Omas."

„Sind sie alle gesund?"

„Kerngesund. Bis auf den einen Opa, der ein wenig Asthma hat. Wenn wir Familientreffen haben, mit allen Basen und Vettern, und spazierengehen, meinen die Leute, es kommt die Fronleichnamsprozession."

Lorenz lächelte belustigt. Solch große Familien gefielen ihm, weil man sich darin geborgen fühlte. Man fand auch immer jemanden zum Spielen. Er selbst hatte es sich immer gewünscht, in einer umfangreichen Familie leben zu dürfen.

Ihm fiel auf, wie die junge Frau Ingo von der Seite musterte. Irgendwie sah sie ihn an, als wenn er der König von England wäre. Seinen schlichten, bräunlich-gelben Norwegerpullover konnte sie nicht so großartig finden. Also gefiel ihr womöglich das, was darin steckte. Es fiel ihm ein, daß sie ihm zu Weihnachten den Schal gestrickt hatte. Vielleicht mochte sie ihn richtig? Vielleicht wollte sie ihn sogar heiraten?

Den ganzen Nachmittag über brachten die Steinadler Nestmaterial an den Hirschstangenhorst. Ingo Brenner hatte den Jungen mit der Aufgabe betraut, die Zahl der Anflüge in ein Ringbuch einzutragen. Er hatte links eine Spalte für Fritz und rechts eine für Roswitha, und wenn einer der Adler am Horst aufsetzte, machte Lorenz einen Strich. Es war der einfachste Job der Welt. Er saß auf dem Klapphocker, die Sonne bestrahlte ihn von der Seite. Das war bestimmt viel besser, als im Büro zu sitzen oder im Bergwerk zu arbeiten. Er unterschied Fritz jetzt auch an seinem dunkleren Schwanz. Roswitha hatte gescheckte Querbänder am Schwanz. Von unten unterschied er sie an ihrer rostfarben schillernden Brust. Die beiden Greife brachten kahle feine Zweige von Laubbäumen, Wacholder, Grasbüschel, Flechten und helle Tannenzweige. Einmal hatte Roswitha eine Maus im Schnabel, einen kleinen Vesperimbiß, so wie eine Menschenfrau zum Kaffee ein Stück Kuchen aus der Stadt mitbringt. In zweieinhalb Stunden kam sie 64mal an den Horst, Fritz nur 50mal. Das Weibchen war also fleißiger bei der Arbeit gewesen als das Männchen.

„Sie fühlt, daß die Eier heranreifen", erklärte Ingo. „Ich glaube, sie wird die Eier schon in der ersten Märzhälfte ablegen."

„Ist das gut so?"

„Sehr schlecht. Da ist es noch viel zu kalt."

Als die Sonne im Sinken an den Rand der Felszinne im Westen geriet, wurde ihre flimmernde Korona zu einem blendenden Gleißen zerrissen. Über die Landschaft zog ein Schatten, und es wurde sofort kühl. Der Schneefladen zu Lorenz' Füßen hörte zu schmelzen auf. Nur noch zögernd rutschten Tropfen über die glitzernden Körner ins Moos. Gleich würden sie gänzlich versiegen. Und morgen früh würde hier wieder alles gefroren sein.

Dann war die Sonne weg, und auch die Adler waren fort. Die Schäfchenwolken waren in ein anderes Land gezogen. Der Himmel war noch hell. Lorenz suchte ihn ab, doch er konnte keinen Stern finden. Sterne waren immer plötzlich da. Man konnte nicht beobachten, wie sie aufgingen. Man sah nur Himmel, und auf einmal war ein neuer Stern da. Wenn man dann den Blick schwenkte, waren überall neue Sterne.

Der Vogelkundler wickelte die Kamera und die Objektive in weiche gelbe Staubtücher, damit die empfindlichen Linsen keinen Schaden litten. Er verstaute alles behutsam in einer schwarzen Fototasche, auch die beiden Ferngläser. Das Stativ und die beiden Falthocker schlug er in durchsichtige Kunststofffolie, und dieses Paket legte er zwischen die Latschen. Er versteckte es so, als wollte er es vor Dieben schützen. Aber Diebe kamen sicher nur alle zehntausend Jahre an diesen verlorenen Platz. Er hob die schwere Tasche am Trageriemen über die Schulter und ließ das am Riemen befestigte Lederpolster auf die Schulter nieder. Sie stiegen durch die Latschen nach oben.

„Wo gehen wir hin?" erkundigte sich Lorenz.

„Nach Hause."

„Wohin nach Hause?"

„In die Hütte."

„In welche Hütte?"

„In meine. In die Ornithologenhütte."

„Wollen Sie denn heute nicht zu Bernadette?"

„Nein."

„Warum nicht?"

„Wir haben ihr schon die letzten Spaghetti weggegessen. Jetzt kann sie uns nur noch den Senf servieren, den sie in dem Tonkrügchen oben am Regal stehen hat. Und in die Verlegenheit dürfen wir sie nicht bringen."

„Der Senf würde zu unseren Landjägern passen. Wir könnten sie teilen, dann hätte auch Bernadette zwei Stück."

„Nein."

„Außerdem hat sie eine ganze Speisekammer voll mit Lebensmitteln. Und ich glaube, sie wartet auf uns." Lorenz dachte an die Behaglichkeit der Hütte, an die im Widerschein des Feuers und der Bastlampe blinkende Kupferstange am Herd, an die duftenden Bratäpfel. Sein Bett war wohlig warm gewesen, wenn er auch mit einer roten, kalten Nasenspitze aufgewacht war, und wenn auch dicke Eisblumen am Fenster waren. „Ingo", begann er wieder, „Bernadette hat extra neue Bratäpfel aufgesetzt und . . ."

Der große Mann wandte sich um. Als Lorenz' Augen glitzerten, wußte er nicht, ob es der Spott oder die Hartnäckigkeit darin war.

„Solange du nicht dabei warst, war alles noch viel leichter", sagte er. „Da konnte ich noch tun und lassen, was ich wollte."

„Also gehen wir zu ihr?"

„Ausnahmsweise noch mal."

Durch die Ritzen zwischen den Ringen auf der Herdplatte sah Lorenz Tannenzapfen prasseln und platzen. Funken kamen heraus und schwebten verlöschend auf die Herdplatte nieder. Unten wummerte und puffte es gegen das Herdtürchen. Orangenschalen lagen dünn und ausgetrocknet neben dem Kupferschaff auf der Herdplatte und verbreiteten einen Duft wie Weihrauch. Er mischte sich mit dem Geruch der brennenden Tannenzapfen. Bernadette hatte dem Jungen die nassen Stiefel und Socken ausgezogen und ihm Socken von sich und ein paar warme Hausschuhe gegeben.

Sie hatten die Landjäger nicht benötigt, denn Bernadette hatte tatsächlich noch viel mehr als bloß den Senf. Sie schnitt einen Schinken an und stellte Bauernbrot dazu, und es gab heißen, mit Honig gesüßten Malventee dazu. Ingo bekam auch ein Glas Enzianschnaps. Er schüttete es in seinen Tee, und plötzlich verbreitete sich das scharfe gute Aroma im Raum. Genießerisch verzog sich das breite Gesicht des Mannes, als er trank. Und so bekamen auch Bernadette und der Junge je einen Spritzer in ihren Tee. Lorenz schlug Bernadette vor, das Rezept von Malventee mit Enzianschnaps patentieren zu lassen. Er meinte, sie könne eine Menge Geld damit verdienen, und sie erwiderte vergnügt, sie werde sich den Ratschlag merken.

„Was müßte ich tun, um Ornithologe zu werden?" fragte der Junge.

Ingo antwortete ihm: „Auf die Realschule wechseln und die mittlere Reife machen und danach auf dem Gymnasium das Abitur. Aber du müßtest Latein nachlernen."

„Das kann ich."

„Aber Latein ist eine schwierige Sprache."

„Das macht nichts. Aber ich kann es werden, wenn ich will?"

„Es gibt ein Recht auf freie Berufswahl."

„Wenn ich früher vor dem Haus spielte, habe ich die Vögel immer an der Größe, der Farbe oder an ihren Bewegungen unterschieden. Ich hatte keine Namen für sie. Also gab ich ihnen selbst welche: der rote Hupfer, der dicke Schwarze und so weiter."

Ingo und Bernadette lachten. „So haben die Neandertaler auch angefangen", sagte der Mann.

Bernadette betrachtete ihren jungen Gast forschend. Ihre grünen Augen fraßen sich in die Seele des Jungen hinein, wie in ein unbekanntes Buch, an dem sie Interesse gefunden hatte. Sie dachte, daß der Junge fröhlich und zuversichtlich war, obwohl er keine Eltern und eine verkrüppelte Hand und nicht einmal richtige Verwandte hatte. Andere hatten all dies und gesunde Hände und waren miesepetrig oder sogar verzweifelt. Bernadette dachte, daß der Junge das Geheimnis eines glücklichen Lebens in sich trug und daß sogar die Erwachsenen eine Menge von ihm lernen konnten.

„Ich werde dir dicke Bücher über alle Vögel dieser Erde kaufen", sagte sie. „Und du darfst dich hier an den Tisch setzen und die Bücher lesen und daraus lernen, ja?"

Lorenz sah erstaunt zu ihr auf. „Das würden Sie wirklich machen?"

„Sicher, Lorenz."

„Aber ich muß zur Schule."

„Du wirst ja auch mal Ferien haben."

„Ja natürlich. Dann komme ich in den Ferien, um die Bücher zu studieren."

Eingeschneit und fast erfroren

Als der Junge am nächsten Morgen allein den Berg hinanstieg, schneite es. Ein feiner Wind trieb dünne Flocken vor sich her, in lustigen Böen wirbelten und stoben sie dahin, als wollten sie vor ihm auf dem Berg sein.

Lorenz wußte, daß es wichtig war, die Steinadler auch bei solchem Wetter zu beobachten, und wer diese Mühe scheute, würde nie im Leben ein guter Ornithologe werden. Je höher er kam, desto deutlicher wurde ihm, daß es einen erheblichen Teil der Nacht über geschneit haben mußte, denn alles war weiß überzogen. Auch den Pfad gab es nicht mehr. Trotzdem mühte Lorenz sich weiter durch den knietiefen Schnee. Sein Ziel war die Plattform, wo er sicher war, Ingo zu finden. Und Ingo würde schon wissen, was an diesem Sonntag zu tun war.

Die Tannen wichen zurück, die Latschen hatten weiße Polster, deren Gewicht sie noch mehr auf den Boden drückte. Vom Kasperer Joch zeichnete sich nichts ab. Es war nur gelblicher Himmel da, aus dem graue und weiße Flocken heranwirbelten. Eigentlich hätte er die Plattform längst finden müssen. So wurde dem Jungen mehr und mehr klar, daß er in seiner Orientierung nicht sicher war. Er wich von seinem Weg ab und stieß schließlich auf tiefe Fußstapfen.

„Aha, Ingo", murmelte er. Nun brauchte er nur den Spuren zu folgen, um zur Plattform zu gelangen.

Er setzte die Stiefel in dieselben Stapfen. Bald war er einen weiten Bogen gegangen, teils zwischen den schneebedeckten Latschen, teils auf unbewachsenem Gefälle. Dann sah der Junge erneut Spuren. Und diesmal mußte er laut lachen, als er merkte, daß er auf seine eigenen Abdrücke gestoßen und diesen in einem langgezogenen Kreis gefolgt war.

Aber wo nur mochten Ingo und die Plattform sein? Lorenz rief laut den Vornamen des Mannes, doch nicht mal ein Echo kam zurück. Die Latschen standen wie steifgewordene Lebewesen, die ihn starr musterten.

Plötzlich rutschte der Junge ab und glitt im Schnee tiefer und tiefer. Es warf ihn herum, mit dem Gesicht in den Schnee. Noch einmal wurde er herumgewirbelt, dann fingen ihn die Krüppeläste einer Zwergkiefer auf. Er atmete tief. Über ihm nichts als dieser gelbe Himmel und die Flocken, die grau und klein waren und weich und weiß, wenn sie auf die Augen trafen.

Keuchend blieb Lorenz liegen. Er wollte jetzt nicht nach Ingo rufen, denn er erinnerte sich an dessen Bedenken, damals in der Vogelwarte in Weilheim, als er es abgelehnt hatte, ihn mit auf den Berg hinaufzunehmen. Er mußte sich selbst befreien und die Plattform finden! Und dort den Klapphocker aus der Plastikhülle nehmen, sich daraufsetzen und tapfer auf den Mann warten.

Aber es fiel ihm schwer, sich zu befreien. Eines seiner Beine steckte verdreht tief im Schnee, bis hoch zu den Oberschenkeln. Und der Körper lag so verklemmt unter dem Krüppelast, daß er sich kaum rühren konnte. Auf einmal überfiel den Jungen eine fürchterliche Angst. Was wäre, wenn er sich gar nicht mehr befreien konnte? Nun begann er seine Anstren-

gungen zu vervielfachen. Mit der verkrüppelten Hand stemmte
er sich vom Stämmchen der Zwergkiefer ab und schob sich
zentimeterweise unter dem Ast nach vorn. Da lag er schließlich, doch das Bein steckte immer noch im Schnee.

Es war seltsam verdreht. War es womöglich gebrochen?
Doch dann würde es schmerzen. Ein grausig schwarzes Gespenst schoß über ihn hinweg, ein kalter Luftstoß traf ihn.
War das schon das Ende? Ach, er hatte die Steinadler vergessen. Es war einer von ihnen gewesen.

Die Erleichterung entspannte ihn. Doch nun wuchs eine
neue Sorge in ihm, füllte ihn kalt und grausam aus und saß
wie eine schreckliche Klammer in seinem Bewußtsein. Waren
die Steinadler nicht Aasfresser? Lauerten sie bereits auf sei-

nen Leichnam? Würden sie ihn womöglich angreifen, wenn sie erst merkten, wie wehrlos er hier lag? Wo befand er sich eigentlich — auf dem Abhang zur Senke in der Nähe der Plattform, oder vielleicht auf der entgegengesetzten Seite in der Nähe des Hirschstangenhorstes? Oder gar über dem Hirschstangenfelsen, an dem steilen Absturz in die Tiefe?

Jetzt begann Lorenz laut nach Ingo zu rufen. „Ingo! Ingo!" so gellten seine Rufe. Doch der Schnee dämpfte sie, sie drangen nicht weit.

Der Junge begann nun damit, das Bein vom Schnee zu befreien. Als er das Knie freigelegt hatte, konnte er schon den Fuß bewegen. Und dann stand er aufrecht, zwar tief eingesunken, aber gerade und gegen die Zwergkiefer gestützt.

Vorsichtig, um nicht weiter abzugleiten, stieg er hangaufwärts. Weit vorgebeugt, selbst die Hände im Schnee. Es hatte nur Sekunden gedauert, bis er unten gelegen hatte, doch er brauchte eine halbe Stunde, um wieder oben zu sein.

„Ingo! Ingo!" schrie er wieder.

Doch es kam keine Antwort.

Und unablässig fiel Schnee, jetzt in dickeren Flocken. Als Lorenz seine alten Spuren wiedergefunden hatte, folgte er ihnen in entgegengesetzter Richtung, bis sie seichter und seichter wurden und ganz aufhörten.

Jetzt hatte er sich endgültig verirrt. Er wußte überhaupt nicht mehr, wo er sich befand. Hätte ihm jetzt jemand erklärt, er sei auf dem Kilimandscharo, er hätte es sogar geglaubt. Er hatte jede Orientierung verloren.

Und plötzlich sah er unter einem knorrigen Wurzelauswuchs, drüben am verschneiten Fels, ein gräßlich schwarzes Auge. Es war riesengroß und starrte ihn durch den gelblichweißen Flockenvorhang hindurch an. Bestürzt sah Lorenz dort hinüber. Und auf einmal erkannte er, daß das Auge der Horst war, der allmählich zugeschneit wurde. Das Adlerweibchen saß darin, um die Mulde für die Eier, die es ablegen wollte, schneefrei zu halten. Der Junge stand unmittelbar vor dem abstürzenden Hang. Der Anblick des Horstes hatte ihm womöglich das Leben gerettet. Nun vermochte er sich wieder zu orientieren, weil er wußte, daß hinter ihm der schützende Wald lag, der zur Ornithologenhütte hinabführte.

Er sah auf die Armbanduhr. Die dünnen schwarzen Zeiger auf dem bronzefarbenen Zifferblatt zeigten halb zwei an. Der Junge schob Schnee zu einem Haufen zusammen und stampfte ihn mit den Füßen fest, so daß er sich erst mal setzen konnte. Er nahm die beiden Wurstbrote, die Bernadette ihm mitgegeben hatte, aus der Innentasche seiner karierten Jacke und biß ins erste Brot, biß dabei zugleich auf Schnee, der kalt auf der Zunge zerschmolz. Ständig mußte er ihn vom Brot pusten, weil stets neuer Schnee darauffiel. Daran erkannte der Junge, wie stark es schneite. Er hatte in seinem Leben noch kein solches Schneetreiben gesehen.

Aber nun war ihm wohler, da er wußte, an welcher Stelle er sich befand. Während er aß, dachte er an das Heim in Kiel. Sie hatten ihm einen Prospekt davon gegeben. Es waren freundlich eingerichtete Zimmer mit einem oder zwei Betten darin, und sie hatten sogar Teppiche. Aber der Eßsaal war so hoch, daß man darin stabhochspringen konnte. Und Lorenz mochte hohe Räume nicht. Sie gaben ihm ein Gefühl von Verlorenheit.

In Bernadettes Hütte war die Decke tief gezogen, aus gedunkelten Kiefernbalken, die mit kräftigen Brettern ausgelegt waren. Von der Tenne aus konnte man durch Ritzen in die Küche hinabblicken. Wenn sie Kinderheime so bauen würden, wie die Hütte war, wären die Kinder darin sicher viel glücklicher.

Die ständige Bewegung der sinkenden Flocken ließ einen nach oben fahren, als wäre man auf dem Weg in den Himmel. Man schwebte aufwärts, und die Flocken standen still. So konnte man minutenlang wie in einem luftigen Aufzug nach oben fahren, wenn man sich auf dieses Spiel konzentrierte.

Das schwarze Auge starrte noch immer durch die Flocken, nur manchmal verwirbelt, wenn der Wind sie durcheinandertrieb. Das Adlermännchen hatte Lorenz nicht wieder gesehen. Er wollte aber noch eine halbe Stunde ausharren, um zu wissen, wann und wie oft es in dieser Zeit angeflogen käme, und es Ingo zu melden. Doch Fritz kam überhaupt nicht.

Ganz plötzlich merkte er, daß die Dämmerung eingesetzt hatte. Sie war von einer Minute auf die andere da. Der Himmel wurde dunkler und die Flocken heller. Der Himmel war nun fast so dunkel wie Milchkaffee. Ein zartvioletter Schein lag über den Latschen. Es war eine unwirkliche Stimmung, wie im Märchen. Die von Schneehäubchen bedeckten oder von der Schneelast verformten Latschen schienen zum Leben zu erwachen und näher zu kommen. Sie fingen an, vor seinen Augen zu schwingen und zu tanzen. Dann schwebte der Junge nach oben, stetig nach oben, und auch das dunkle Auge drüben schwebte mit. Es verlor seine Konturen im dunkelnden Hintergrund und würde bald eins mit der Nacht sein. Und mit einem Schlag war die Dämmerung vorbei, und die Nacht war da. Sie hatte die Senke mit Dunkelheit ausgefüllt und verschlang jetzt auch die Kuppe.

Wo Ingo nur bleibt? fragte sich der Junge. Er sah auf die Uhr. Es war fünf Uhr vorbei. Da entschloß er sich, den Berg zu verlassen und hinabzusteigen. Er wollte zur Ornithologenhütte, die von dieser Stelle aus rascher zu erreichen war. Und dort würde er ja auch auf Ingo stoßen. Als er sich aufrichtete, waren seine Beine steif, und er fror. Es schüttelte ihn. Noch einmal schrie er nach Ingo, aber wieder kam keine Antwort.

Oben auf der Kuppe spürte er den Wind, der die Flocken schneller vorbeitrieb. Dann ging es abwärts, zwischen den Stämmen des Waldes, wo man den Wind nicht mehr spürte. Es wurde ihm bewußt, wie die Tiere den Wald liebten, weil er sie schützte und warmhielt. Nur von den Wipfeln kam das Rauschen des Windes. Ab und zu rieselte Schnee herab oder brach in Klumpen auf die Äste und von da auf den weichen Boden.

Der Junge hielt sich stetig nach links, um zu dem Bächlein zu gelangen, an dem entlang er sich weiter abwärts orientieren konnte. Er gelangte statt dessen aus dem Wald heraus und sah die Wolkendecke dunkel wie ungeputztes Kupfer und drüben das Schwarzdunkel eines weiteren Waldstücks.

Er stapfte auch durch diesen Wald hindurch, ohne das Bächlein zu finden. Er war müde und erschöpft. Er fror nicht mehr, aber seine Knie waren weich wie Gummi. Einen Augenblick lang war er glücklich, als er sich gegen einen Stamm lehnte und die Augen schloß.

Und auf einmal war es hell und warm, und die Sonne schien. Der Steinadler strich im Gleitflug heran und segelte an der blanken Felswand vorbei. Die Sonne stand groß am Himmel und füllte ihn fast völlig. Und auf einmal war der Horst voller Junge, ein halbes Dutzend Schreihälse, die gierig die Schnäbel aufrissen und nach Nahrung verlangten. Dann war dieses Bild weg, und er sah das ausgestopfte Adlerweibchen, wie es von einer Astgabel an der Wand des Eßsaals im Heim hing und ausdruckslos herabblickte. Es war tot, und man hatte es ausgestopft und an die Wand gehängt. Die Kinder standen davor und bestaunten es. Den Jungen aber schmerzte es, weil er das Adlerweibchen gekannt hatte, als es noch lebte. Und er allein wußte, daß es Roswitha hieß.

Bernadette war über ihm und sah ihn aus mütterlichen Augen an. „Nun schlaf!" sagte sie. „Du bist müde." Sie nahm ihre Hand von seiner, die nicht mehr verkrüppelt war. Er hatte auf einmal gesunde Hände und war glücklich und drehte sich im Bett und schmiegte die Wange an das kühle Kissen und schlief ein.

Im Traum hörte er Rufe, verwehte Rufe, die von weither kamen, dann Rufe, die schrecklich nah waren und schrill und gellend in seinen Ohren klangen. Er träumte von einem Überfall auf ein Indianerlager. Rothäute griffen an und kamen schreiend auf Pferden herangeritten. Und einer von ihnen war über ihm, mit einer fürchterlich bemalten Grimasse, und schrie. Und da fiel der Traum wie eine schreckliche Maske von ihm ab. Die Nacht war da, Schnee, der gegen sein Gesicht getrieben wurde, der dick auf seinen Haaren und über seiner Kleidung lag.

Nur die Rufe waren geblieben. Eine tiefe Stimme rief laut und anhaltend: „Looorenz! Looorenz!" Und Bernadettes helle, besorgte Stimme kam von rechts und von weiter weg. Das Licht der Taschenlampe fiel links aus dem Wald in das Schneetreiben und ließ die Flocken goldfarben werden. „Ingo!" rief der Junge. „Bernadette!" Der Stimmbruch machte ihm zu

schaffen. Seine Stimme kam im Schneegestöber krähend wie
die eines Eichelhähers. Bernadette und Ingo knieten vor ihm.
Er fühlte eine kühle Hand auf seiner Stirn.

„Fieber", hörte er Ingo sagen. „Sofort zur Hütte mit ihm."

Er spürte nur noch, wie Ingo ihn quer über die Schultern
nahm, wie auf der einen Seite Kopf und Arme und auf der
anderen die Beine abwärts baumelten. Dann fühlte er noch
eine Weile die dumpfen Erschütterungen beim Abstieg, dann
nur noch weiche Stöße und schließlich gar nichts mehr.

Ärztliche Hilfe per Schaukelpost

Als er aufwachte, sah er das Licht, das wegen des frischen Schnees grell durchs Fenster hereinfiel und im Batistvorhang leuchtete. Lorenz lag auf dem Rücken, das Deckbett bis an den Hals gezogen. Ihm war heiß, die frei auf dem Federbett ruhenden Arme waren angenehm kühl. Bernadette trat ein und setzte sich zu ihm ans Bett. Auch die Hand, die sie ihm auf die Stirn legte, war kühl. „Jetzt bekommst du ein gutes Frühstück", sagte sie, „dann wird alles besser."

„Wie spät ist es?" fragte er.

„Halb drei Uhr nachmittags."

„Habe ich so lange geschlafen?"

„Fünfzehn Stunden lang."

„Was war los gestern?" fragte er. „Weshalb ist Ingo nicht auf den Berg gekommen?"

„Er ist oben abgerutscht und über eine Schneewächte vier Meter abgestürzt. Er steckte fast bis zum Hals im Schnee und brauchte Stunden, um sich zu befreien. Dann kam er herunter, und weil du nicht da warst, dachten wir, du wärst zur Ornithologenhütte. Aber auch dort warst du nicht, und wir sind das Bächlein hinauf bis zur Kasperer Kuppe und zum Horst hinunter, und da haben wir deine Spuren gesehen, wo du wahrscheinlich gesessen bist. Später haben wir deine Spuren verloren. Sie waren verschneit. Ein Glück, daß wir dich gefunden haben. Du hättest erfrieren können. Da hat dein Schutzengel kräftig mitgeholfen."

Sie brachte heiße süße Milch und mit Butter und Honig beschmierte Brote. Nachdem er gegessen hatte, brachte sie ein Fieberthermometer und steckte es ihm unter die Achsel. Sie nahm es nach fünf Minuten heraus. Das Quecksilber schimmerte hinauf bis 38,9 Grad.

„Du hast Fieber", sagte sie, „du wirst eine Weile im Bett bleiben müssen."

„Aber ich muß zur Schule."

„Jetzt kannst du nicht nach Hause, Lorenz."

„Weiß mein Heimleiter, daß ich krank bin?"

„Ja. Wir haben die Schaukelpost angefordert und einen Brief hinuntergeschickt. Sie haben geantwortet, daß dick Schnee auf dem Brief lag, als er unten ankam, aber sie konnten ihn noch lesen. Sie haben bei dir im Heim angerufen und den Heimleiter verständigt. Und später kommen noch Medikamente für dich herauf."

„Sie könnten mich auch mit der Kiste hinabschicken."

„Oh, das Ding ist zu gefährlich. Der Elektromotor ist wie ein junger Esel. Er geht nur, wenn er Lust hat. Und wenn die Kiste steckenbleibt, kriegt dich der Adler als Futter. Das möchtest du nicht gerne, oder?"

„Nein."

„Möchtest du gerne ins Heim zurück?"

„Ich würde lieber hierbleiben."

„Gut. Dann haben wir jetzt eine Ausrede."

Der Junge erzählte ihr, wie das Adlerweibchen unbeweglich im Horst gesessen war, und daß er fürchtete, daß es erfrieren könnte. Sie lächelte und legte ihm die Hand auf die Stirn.

„Gewiß nicht", antwortete sie. „Einmal saß sie drei Tage und drei Nächte unbeweglich bei Temperaturen bis zu einunddreißig Grad unter Null über den Eiern. Damals, als später die Jungen ausgeschlüpft sind, die der Hubschrauber umgebracht hat. Sie ist damals nicht an der Kälte gestorben. Und solange es schneit, ist es nicht so kalt am Berg."

„Aber der Horst schneit zu, und sie kann ersticken."

„Sie wird ihn schon schneefrei halten. Tiere sind nicht so dumm, daß sie die Launen der Natur ganz ohne Widerspruch hinnehmen. Sie können sich ebenso zur Wehr setzen oder umstellen wie der Mensch."

Der Junge nickte. Damit war ihm eine erhebliche Sorge genommen.

Sie blieb bei ihm sitzen, bis es draußen dämmerte. Dann brachte sie eine Tischlampe und stellte sie auf den runden Tisch, der im Zimmer stand. Bernadette erzählte von sich, und der Junge lauschte ihr.

„In unserem Bauernhof unten im Dorf haben wir Kühe, Pferde, Stallhasen, Katzen, einen Colliehund, einen Haufen Hühner, Enten und Gänse."

„Wer versorgt den Hof?" wollte er wissen.

„Meine Eltern und mein älterer Bruder und dessen Frau. Ich war früher schon meist auf der Hütte hier oben. Es war schön, wenn ich die Kühe mit ihren breiten Halsbändern und den Schellen daran heraufgetrieben habe. Wochenlang, in den Ferien, war ich ganz alleine hier. Mit der Schaukelpost, unserem Milchaufzug, haben sie mir zu essen heraufgeschickt."

„Haben Sie nicht Angst gehabt?"

„O doch. Sehr sogar. Meine Brüder und Freunde und meine Schulkameraden haben mir Zettel heraufgeschickt, in denen stand, daß ein Berggeist ums Kasperer Joch schwebte. Sie hätten ihn von unten mit dem Fernglas gesehen. Ich sollte aufpassen, ob ich das Gespenst mit glühenden Augen durchs Fenster hereinblicken sehe, und dann kräftig das Feuer schüren, damit der Geist nicht nachts durch den Kamin hereinkommt. Lauter solchen Blödsinn."

„Da hätte ich auch Angst gehabt."

„Oft habe ich mich eingeschlossen. Doch zum Melken mußte ich hinaus. Ich mußte die Milchkannen in die Tenne hinaufschleppen und in die Kiste stellen. Die ganze Zeit habe ich umhergespäht, ob ich nicht das Gespenst zu sehen kriege. Und trotzdem war die Zeit schön, als ich mit den Kühen oben war."

„Waren Fritz und Roswitha damals schon da?"

„Nein. Aber es gab einen einzelnen Adler, einen Nichtbrüter. Er bewohnte ein Jahr lang den Hohen Horst und hatte hier auf einer Tanne an der Almwiese, drüben am Bach, seine bevorzugte Warte. Er kam oft. Manchmal saß er stundenlang an und beobachtete, was sich auf der Almwiese abspielte. Ich hatte eine junge schwarz-weiß gefleckte Katze, auf die er es mächtig abgesehen hatte."

„Aber er hat sie nicht gekriegt?"

„Nein. Doch, einmal um ein Haar. Die Katze war sehr vorwitzig. Erst ging sie mir vor lauter Angst nicht von den Schuhen, doch später hat sie weite Erkundungszüge unternommen. Sie war schrecklich neugierig. Was sie schon kannte, interessierte sie nicht. Sie wollte die ganze Welt kennenlernen. Sie war in der Mitte der Almwiese, und ich glaube, sie zankte sich dort mit einem Käfer oder einer großen Waldameise herum. Da habe ich den Adler schon kreisen sehen und bin hinausgelaufen und habe nach der Katze gerufen. Aber die hörte nicht auf mich. Sie hörte nur auf sich selber. Der Adler ist im Stoßflug herunter, und sein Schatten über sie weg. Das hat sie fürchterlich erschreckt, und sie ist losgerannt. Hasen können Haken schlagen, doch Katzen flüchten stets geradeaus. Gerade wie ein Stück Schnur, das man über die Wiese spannt. Deshalb sind sie für Adler eine ganz leichte Beute, vor allem, wenn es Hauskatzen sind. Die Katze rannte schräg nach unten weg, und ich bin auf den Adler losgestürmt und habe wie am Spieß geschrien und mit den Armen herumgefuchtelt. Das hat ihn so irritiert, daß er abgehoben hat und davongeflogen ist. Er hat sich eine geschlagene Woche nicht mehr blicken lassen. Wahrscheinlich hat er mich für ein ganz fürchterlich gefährliches Tier gehalten. Aber er war schon bis auf zehn Meter an der Katze dran gewesen."

Lorenz hörte Bernadette aufmerksam zu. Er betrachtete sie auch genau, er studierte sie regelrecht. Während sie erzählte, musterte er ihr goldflimmerndes Haar, den hellen Flaum auf den weich gerundeten Wangen, den alten Bernsteinkamm, der ihr Haar im Nacken zusammenhielt, die blau-weiß gewürfelte Bluse. Ihre Arme waren schön geformt, weich und kräftig, mit blonden Härchen und ein paar Sommersprossen darauf.

„Wenn Sie so allein sind, sollten Sie heiraten, damit Sie keine Angst mehr zu haben brauchen", sagte der Junge.

„Ach nein. Jetzt fürchte ich den Berggeist nicht mehr." Sie schob das Fieberthermometer in sein blaues Pappdeckelröhrchen und legte es aufs Nachtkästchen.

„Wollen Sie denn nicht heiraten?"

„Ich glaube, jede Frau wünscht es sich."

„Haben Sie niemanden, den Sie heiraten könnten?"

„Du stellst Fragen!"

„Also Sie haben niemanden?"

„Nein, ich habe niemanden."

„Und warum nicht?"

„Weil noch keiner den Berg heraufkam, mit einem Strauß roter Rosen, und sagte: ‚Ich möchte dich heiraten'."

„Aber Sie sind doch nicht immer auf dem Berg."

„Nein, Lorenz. Aber die Männer im Dorf kenne ich, seit wir als Kinder zusammen Schlitten gefahren sind oder im Moorsee oder im Fluß gebadet haben, oder von der Schule her. Wir haben uns auf dem Schulhof verprügelt, Schneeball-

schlachten gemacht und uns später auf den Tanzböden getroffen. Trotzdem denkt von denen keiner dran, mich zu heiraten, und umgekehrt ist es genauso. Wir sind alle die besten Freunde, doch zum Heiraten langt es nicht."

„Und Ingo?"

„Was?"

„Ja. Was ist mit Ingo?"

„Du lieber Himmel! Du phantasierst! Da sieht man, was achtunddreißigkommaneun Fieber alles anrichten können!"

„Es ist nicht das Fieber", sagte der Junge ruhig. „Ich habe die Frage ganz ernst gemeint. Aber Sie brauchen sie ja nicht zu beantworten."

„Danke für die Großzügigkeit."

„Sie wollen sie also nicht beantworten. Nein?"

„Nein."

„Weshalb nicht?"

„Großer Gott! Jetzt weiß ich, was Ingo meinte, als er erklärte, wie hartnäckig du sein kannst! Aber ich kann mich wehren. Ich bin nicht ganz so nachgiebig wie er."

In diesem Augenblick hörten sie kräftig knirschende Schritte im Schnee, das Knarren der Tür und Poltern von Stiefeln auf den Dielen der Küche. Die Schritte kamen die Stiege herauf. Ingo betrat den Raum, tief gebückt, um nicht am Türrahmen anzustoßen. Er hatte noch Schnee auf dem gewellten mittelblonden Haar, sein breites Gesicht mit den schmalen Lippen und den hellen Augen war von der Kälte gerötet.

„Wie geht es ihm?" fragte er.

„Gut. Bis auf das Fieber, das er hat", antwortete sie.

„Das Adlermännchen war den ganzen Tag nicht da", sagte er dann.

„Es war auch gestern nachmittag nicht da", sagte der Junge. „Am späten Vormittag ist er dicht über mich drübergeflogen. Aber am Nachmittag war er nicht am Horst."

„Merkwürdig", meinte Ingo nachdenklich. „Er würde sie nicht allein in dem Horst lassen. Niemals. Selbst wenn er erfolglos im Alpenvorgebiet jagt, würde er heimkommen."

„Was könnte das bedeuten?" fragte Lorenz.

„Ich weiß es einfach nicht."

„Daß er tot ist?"

„Ich weiß es nicht, Lorenz. Ich bin mit meinem ganzen Ornithologenlatein am Ende. Wenn ich nicht studiert hätte, wüßte ich womöglich eher, was los ist."

„Aber er könnte tot sein?"

„Es ist kaum anzunehmen. Wenn es ihnen zu kalt ist, tun sie etwas dagegen. Und wenn sie Hunger haben, auch. Mit E 605 hat sich noch keiner absichtlich vergiftet."

„Roswitha hält die Mulde schneefrei?"

„Oder sie hat mit der Eiablage bereits begonnen. Dann wäre sie ohne Partner in einer riskanten Lage."

Er sah Bernadette an, als könnte sie ihm aus seinen Sorgen helfen. Er wirkte mutlos, in sich zusammengesunken.

„Es wird nicht dreimal passieren, daß Sie und die Steinadler so viel Pech haben", sagte sie tröstend. „Dies kann nicht das Adlerrevier bleiben, in dem keine Jungen ausschlüpfen. Es wäre ja verhext."

Er nickte zustimmend, aber düster und grüblerisch. „Ist mit dem Jungen wirklich alles in Ordnung?"

„Ja. Er hatte sich verirrt."

„Das hatte ich befürchtet. Ich wußte, es würde irgendwann kommen. Doch jetzt hat er diese Erfahrung hinter sich."

Drüben in der Tenne dengelte es.

„Die Schaukelpost", rief Bernadette, „endlich kommen die Medikamente!" Sie blickte auf ihre altmodische, goldplattierte Armbanduhr, die mit einem dünnen schwarzen Bändchen am Handgelenk befestigt war. „Es dauert genau sechzehn Minuten, dann kommt sie hier oben an. Im Sommer geht sie schneller, weil der Motor besser läuft und die Anlage wegen der Wärme besser geschmiert ist."

Als die Schaukelpost ankam, hörte Lorenz ein lautes Scharren und das Bumsen, als die Kiste gegen den mit einem Autoreifen gepolsterten Puffer schlug. Bernadette ging in die Tenne hinüber, und Lorenz spürte die kalte Luft, die durch die Luke und die Tenne herüberkam. Er hörte, wie sie die Lukentür zuschlug und das Quietschen, als der Holzriegel vorgeschoben wurde. Er nahm sich vor, Bernadette zu fragen, ob sie ihn im Frühling mit der Schaukelpost einmal zu Tal fahren lassen würde.

Sorgsam in zwei Plastikeinkaufstüten vom Dorfmetzger eingeschlagen war ein Penicillinpräparat zum Abbau fiebriger Entzündungen. Außerdem Vitamin- und Chinintabletten und Hustensaft. Eine umfangreiche Erläuterung lag dabei. Der Dorfarzt hatte sie in der alten Sütterlinschrift verfaßt.

Bernadette hatte Mühe, diese Schrift zu entziffern, und so las Ingo im Licht der Tischlampe die steilen, spitzen Schriftzüge.

Es waren vier rosafarbene Blätter eines Prospektes für Einmachgläser, deren Rückseiten der Arzt beschrieben hatte. Für jeden Eventualfall hatte er eine Lösung parat. Für den Fall, daß Lorenz auch noch Bauchschmerzen oder Nasenbluten oder Zehenkrämpfe bekommen sollte, oder daß er einen Hexenschuß dazubekam. Es lag auch ein Brief von Bernadettes Vater dabei. Er schrieb, er hätte mit Lorenz' Heimleiter telefoniert, und es sei vereinbart worden, daß der Junge seine Krankheit auf dem Berg ordentlich auskurieren und erst dann ins Heim zurückkehren sollte.

Aber bis zum Abend stieg das Fieber weiter an, fast bis zu 40 Grad. Bernadette hatte dem Jungen die Vitamintabletten und das Chinin verabreicht, doch sie scheute sich noch, ihm auch das Penicillin zu geben. Vor Penicillin hatte sie eine ehrfürchtige Scheu. Sie glaubte, es mache ebenso süchtig wie Morphium, und wollte verhindern, daß Lorenz penicillinsüchtig würde. Diese Gefahr bestand aber gar nicht. Bernadette, die sonst sehr klug war, hatte allerdings in bezug auf Medikamente keine blasse Ahnung. Das lag vor allem daran, daß Pillen und Tabletten in ihrer Familie stets verpönt gewesen waren.

In dieser Nacht träumte er wieder, daß das Weibchen tot war, und dann war auch das Männchen tot. Sie hingen beide an der Wand im Geschäft des Mannes, der sie verkaufen wollte. Ihre Krallen hatten sie um kurze Stücke weißrindiger Birkenstämmchen geschlagen. Die Flügel waren gespreizt, mit aufgebogenen Enden, so daß die ganze Spannweite sichtbar war. „Ich verkaufe sie zusammen für zwanzigtausend Mark", hörte er den Mann sagen.

Als er aufwachte, sah er Bernadette über sich gebeugt. Wieder war ihre kühle Hand auf seiner Stirn. „Was hast du geträumt?" fragte sie ihn.

„Daß sie tot sind."

„Sie sind nicht tot, Lenzi."

„Aber der eine? Wo ist er?"

„Er wird zurückkommen. Ganz gewiß."

„Schneit es noch?"

„Es hatte aufgehört, doch jetzt schneit es wieder."

„Dann wird der Horst zuschneien."

„Das wird sich Roswitha nicht gefallen lassen."

Bernadette holte jetzt das Gläschen mit den Penicillinkapseln. Sie nahm eine der weißroten Kapseln heraus und steckte sie dem Jungen zwischen die rissigen, trockenen Lippen. Er zog sie auf seine geschwollene Zunge und schluckte sie mit einem halben Glas kalten, süßen Pfefferminztees.

„Nun wird es besser, mein Junge", sagte Bernadette. „Nun schlaf schön."

Am Morgen war das Fieber auf 37,5 Grad heruntergegangen. Das Penicillin hatte gewirkt. Zwar lag Lorenz noch matt und geschwächt im hohen Bett, aber er war doch auf dem Weg zur Gesundung. Er erhielt von Bernadette wieder heiße Honigmilch und dick mit Butter und Honig bestrichene Brote.

Er war gerade damit fertig, als es in der Tenne wieder dengelte. Bernadette kam die Stiege heraufgelaufen, um in der Tenne die Luke zu öffnen und die Schaukelpostkiste hinabzuschicken. Lorenz sah das schneegrelle Licht hereinfluten. Er hörte auch die Winde quietschen, das Rad, in dem das Drahtseil lief. Er sah auf die Uhr. Es würde zweiunddreißig Minuten dauern, ehe der Aufzug unten und wieder oben in der Hütte war.

Genau nach sechzehn Minuten setzte das Quietschen aus und wenig später wieder ein, als die Kiste auf dem Weg nach oben war. Sie scharrte über den Holzboden und polterte gegen den Gummipuffer. Bernadette verschloß die Luke und kam mit einem Brief in der Hand stirnrunzelnd zu Lorenz ins Zimmer. Sie wirkte besorgt, als sie ihn las.

„Was ist los?" fragte Lorenz.

Sie setzte sich auf den schlichten Stuhl neben dem Bett und las vor. Einer der Jäger hatte auf der Fuchsmatte, jenseits des Flusses unten im Tal, in einer Kastenfalle einen Adler entdeckt. Der Schnee, unter dem die Falle dick verpackt war, hatte den Adler womöglich vor dem Erfrieren gerettet. Die Falle war fast völlig zugeschneit. Der Jäger wollte die Falle nicht selbst öffnen, weil er befürchtete, daß der Adler verletzt sein könnte. Ingo Brenner sollte hinunterkommen, damit er den Adler verarzten konnte, falls er verletzt war.

„In der Falle gefangen", sagte Lorenz tonlos. „Ich muß Ingo holen!"

„Du bleibst hier!" sagte Bernadette streng.

„Ich muß ihn aber so schnell wie möglich holen!"

Er war mit den nackten Beinen aus dem Bett heraus, als Bernadette ihn mit Daumen und Zeigefinger am Ohr packte. „Du bleibst im Bett!" befahl sie. „Du kennst mich von der guten Seite, aber du kannst mich auch streng erleben. Marsch zurück!"

Wie unter dem Eindruck einer schrecklichen Himmelsmacht zog der Junge sich unters Federbett zurück.

„Auf dem Berg ist es anders als unten im Tal", sagte sie. „Wer sich hier nicht diszipliniert verhält, hat hier auch nichts zu suchen. Hast du verstanden?"

„Ja, ich habe verstanden."

„Du wirst also im Bett bleiben und schwitzen. Um nichts anderes wirst du dich kümmern."

Aufstieg zu den Adlern

Es hatte zu schneien aufgehört, und es kam viel helles Licht zum Fenster herein, so als brannte dort draußen eine gewaltige Bogenlampe. Die Sonne fraß am Dunst des Hochnebels und suchte ihn zu durchdringen; das Licht wurde zusehends heller und wärmer und gelber. Dann war das erste zarte, noch dunstverschleierte Stück blauen Himmels da. Der Nebel flüchtete nach oben, aber die Sonne zehrte ihn auf. Schließlich hatte der Himmel ein prächtiges, ungetrübtes Blau, und der Schnee funkelte, als lägen Myriaden funkelnder Diamanten und Edelsteine dort draußen. Man war versucht, hinauszugehen und sie alle aufzulesen und in eine Tüte zu tun und mit nach Hause zu nehmen. Die Sonne vergoldete den Schnee. Wo Tannen standen, glitzerte die weiße Pracht auch auf den Tannen, und die Schatten waren fast so blau wie der Himmel, und auch da sprühten die Edelsteine voller Leuchtkraft.

Gegen Mittag kam Bernadette und setzte sich zu ihm ans Bett. Sie hatte Ingo erreicht, und er war auf dem Weg ins Tal hinunter, um nach dem Steinadler in der Falle zu sehen. Sie trug ihren roten Pullover und die Jeanshosen. Ihre Haare fielen in Wellen auf die Schultern, und sie sah schön aus.

„Hat er was von Roswitha gesagt?" fragte Lorenz.

„Man sieht sie nicht vor lauter Schnee. Doch die Sonne wird ihn bald weggeschmolzen haben."

Sie nahm seine verkrüppelte Hand und auch die andere. Etwas Warmes, Beglückendes breitete sich in ihm aus.

Ingo Brenner kam spät am Nachmittag mit schweren Schritten die Holztreppe herauf. „Also, ich kam zur Fuchsmatte, und dort war die Falle", begann er zu erzählen.

„Sie müssen es genau beschreiben, jede Kleinigkeit davon, wenn ich schon nicht dabei war", sagte der Junge. Auch Bernadette stand erwartungsvoll da, an den bemalten Bauernschrank gelehnt.

„Also, zur Fuchsmatte führt eine schmale Teerstraße, von der der Schnee bis auf eine dünne Schicht abgepflügt ist. Sie geht weiß und gewunden hinauf, über Serpentinen, und hört mitten im Wald auf. Es ist jenseits des Flusses."

„Wo links der Wald ansteigt?"

„Ja, genau. Wenn man zehn Minuten lang durch den Wald weiter aufsteigt, lichtet er sich, und man kommt zu einer schneebedeckten Almwiese, die ganz von Nadelwald eingefriedet ist. Fritz hat dort immer schon gerne gejagt, weil es ein besonders guter Platz ist. Die Falle ist eine roh zusammengenagelte Kiste aus Fichtenbrettern, mit einem schrägen Dach aus Teerpappe. Das Türchen ist meist hochgeschoben, und vorne liegt der Anbiß, der das Tier anlocken soll."

„Welches Tier?"

„Marder, Iltis, Wiesel. Der Anbiß lockt das Tier an, und es dringt weiter in die Kastenfalle vor, wo ein saftiges Stück Fleisch duftet. Und schon fällt das Türchen herab, und das Tier ist gefangen. Diesmal war es Fritz. Er sah durch den Maschendraht des Türchens wie ein Lebenslänglicher aus in seiner Zelle. Ziemlich hoffnungslos. Aber um Gnade bettelte er auch nicht. Er sah stolz und unnahbar aus.

‚Machen Sie mit ihm, was Sie wollen', sagte der Jäger, der dabei war, zu mir. ‚Ich verdrücke mich lieber. Ich habe Frau und Kinder zu Hause.' — ‚Oh, der tut Ihnen nichts', beruhigte ich ihn. ‚Vor dem brauchen Sie sich nicht zu fürchten.' Der Jäger glaubte mir aber nicht recht, sondern ging vorsichtshalber fast bis zum Waldrand zurück. ‚Wenn er mich angreift, schieße ich!' rief er herüber. ‚Auch wenn er ganzjährig geschützt ist!' — ‚Er wird Sie schon nicht angreifen!' rief ich zurück.

Durch das Drahttürchen betrachtete ich den Vogel, und er betrachtete mich. Ich weiß nicht, ob er mich erkannte. Wenn er einen Schwanz wie ein Hund gehabt hätte, hätte er womöglich gewedelt, und ich hätte es gewußt. Auf dem Kasten lag viel Schnee und hielt ihn warm. Das hat ihm womöglich das Leben gerettet. Er wäre sonst vielleicht erfroren, weil er sich in dem engen Gehäuse kaum rühren konnte. Also, ich besah mir den Vogel, und er besah mich."

„Das wissen wir schon!" sagte Lorenz ungeduldig.

„Wenn er einen Flügelschaden hatte, konnte ich ihn freilassen. Denn solange er flugunfähig war, würde es ein leichtes sein, ihn einzufangen. Also konzentrierte ich mich auf seine Beine und Krallen. Die schienen in Ordnung. Der Jäger war mächtig ängstlich, als der Raubvogel ins Freie trat. Er mußte viele Kinder zu Hause haben, so furchtsam war er. Fritz kam tolpatschig heraus. Steinadler bewegen sich auf ihren Beinen nur sehr schwerfällig, nicht viel geschickter als Seehunde. Im frischen Schnee sank er mit seinen guten vier Kilo tief ein, wenngleich er die Krallen weit ausspreizte. Mit einem durchdringend scharfen Blick sah er zu dem Jäger hinüber, als wollte er sagen: Dich Feigling kriege ich auch noch. Vielleicht ahnte er, daß die Kastenfalle dem Jäger gehörte und daß den die Schuld an dieser Demütigung traf. Versuchsweise spreizte er die Flügel. Sie gingen auseinander und auseinander, fast von Waldrand zu Waldrand. Der Jäger verdrückte sich hinter den Stamm einer Tanne. Fritz nahm die Flügel an den Leib, schob sie aus, strich ab und gewann mit zwei Ruderschlägen an Höhe. Und schon war er über den Baumwipfeln verschwunden. Wenig später sahen wir ihn oben, auf der anderen Seite des Waldes, herauskommen und in Richtung zum Kasperer Joch fliegen."

„Er kann also fliegen, und alles ist gut?" fragte der Junge in seinem Bett.

„Sieht so aus."

„Und Roswitha in ihrem eingeschneiten Horst?"

„Morgen werden wir sehen, wie sie sich da befreit hat."

„Das haben Sie alles sehr unterhaltsam geschildert", meinte Bernadette. „Wenn ich auch das Gefühl habe, daß Sie mit der Angst des Jägers ein wenig übertrieben haben. Doch jetzt packen wir unseren Lorenz gut ein. Er darf in der geheizten Stube mit uns am Tisch essen."

Am nächsten Tag stapften Lorenz und Ingo durch tiefen Schnee bergan. Oben, auf der Kuppe, deutete Ingo auf Tierspuren, die über die Senke liefen, eine dünne Spur, die wie eine Perlenkette aussah. Es war die Spur eines Fuchses im Schnee. „Er setzt die Läufe voreinander", sagte Ingo.

„Dort war noch ein Fuchs!" rief Lorenz.

„Nein", erwiderte Ingo. „Dort hat sich nur Schnee gelöst und ist den Hang hinabgekullert. Die Spur hört bei dem Schneebällchen auf."

Aber es gab noch eine aufsehenerregende Spur, diejenige eines Schneehasen. Auf zwei eiförmigen Abdrücken nebeneinander saßen zwei ähnliche aufeinander. Es sah aus wie ein mit vier Klecksen gemalter Eiffelturm. Die Spur lief in langer Kette zur Mitte der Senke, brach dann im rechten Winkel weg und hörte in einem breiten rosafarbenen Fleck auf.

„Dort hat der Steinadler ihn gekriegt", erläuterte Ingo.

„Und hochgetragen?"

„Ja."

„Ist er ihm nicht zu schwer?"

„Bei weitem nicht. Ein Steinadler kann fünf Kilo und mehr tragen. Manchmal versuchen sie sogar Rehe zu schleppen, lassen sie aber nach wenigen Metern fallen."

„Was machen sie dann mit einem solchen Reh?"

„Brechen es auseinander und schleppen häufig erst das Hinterteil zum Horst."

Der Hirschstangenhorst war schneefrei. Man sah Roswitha drin kauern. Unten, am Fuß des Felsens, war welkes braunes Berggras vom Vorjahr freigeschmolzen. In der Sonne dampfte es jetzt. Es war so viel Dampf da wie in einer Waschküche. Um die Wurzeln im Wald war der Schnee ebenfalls im Schmelzen. „An den Wurzeln regt sich nach dem Winter zuerst neues Leben", sagte Ingo.

„Hat das Weibchen die Eier abgelegt?"

„Ganz sicher."

„Wie lange dauert es, bis das zweite Ei dem ersten folgt?"

„Vier bis fünf Tage."

„Und wie lange, bis sie ausgebrütet sind?"

„Vierundvierzig Tage. Wir gehen noch heute hin und sehen uns die Eier an."

„Was?"

„Natürlich. Es wird Roswitha nicht angenehm sein, aber sie kann ruhig auch etwas für die Wissenschaft tun. Es ist für die Vogelkunde wichtig, daß die Eier genau vermessen werden. Genau wie bei neugeborenen Babys. Die werden auch gemessen, nicht wahr?"

„Ja."

„Wie lang warst du bei deiner Geburt?"

„Zweiundfünfzig."

„Meter?"

„Nein, Zentimeter."

„Und wie schwer?"

„Gute drei Kilo."

„Siehst du. Und diese Daten wollen wir von unseren Adlern auch haben."

Aus der Ornithologenhütte holten sie, was sie benötigten. Die Hütte lag tief im Schatten des Waldes, der sie umgab. Selbst nachdem Ingo die Petroleumlampe entfacht hatte, blieb alles düster. Ingo packte eine Laborwaage, eine Meßlehre, Pickel, Kletterhammer und Karabinerhaken in einen festen lodenfarbenen Rucksack. Auch eine Schaufel und Seilzeug verstaute er darin. Dann prüfte er den Sitz der Klettereisen an seinen Stiefeln, nahm sie ab und tat sie ebenfalls in den Rucksack.

„Jetzt endlich können wir unsere Landjägerwürste essen", sagte er. „Die sind uns schon böse, daß wir sie so lange verschmäht haben."

Sie aßen altes, hartes Brot dazu, von jener Sorte, die so gut für die Zähne ist. Dazu gab es abgestandenen Zitronensprudel, in dem gerade noch ein halbes Dutzend kümmerlicher Kohlensäurebläschen aufstiegen.

Wieder oben auf dem Berg, etwa fünfzehn Meter seitlich vom Horst, schaufelte Ingo einen Felsblock frei, um den er das Seilende knüpfte. Er sicherte das Seil ein weiteres Mal, indem er es um den Krüppelstamm einer Zwergkiefer schlang. Das Adlermännchen saß verärgert und mit Wachsamkeit vollgesogen auf der blitzzerrissenen Kiefer. Seine Aufmerksamkeit galt ungeteilt den beiden Menschen, die sich in der Nähe seiner Wohnung zu schaffen machten. Ingo packte die Geräte, die er brauchte, in seine Gürteltasche. Das Seil hatte er fest um Oberschenkel und Leib verschnürt. So stieg er ab, rückwärts, die kräftigen Hände fest am Seil.

Und jetzt hörte Lorenz zum erstenmal einen Adler rufen. Es fiel ihm ein, daß er nie vorher die Frage gestellt hatte, ob Adler eine Stimme haben, weil er sie bislang stumm wie Goldfische kennengelernt hatte. Es war ein lautes, schreiendes Kläffen, nah und furchterregend in der Bergeinsamkeit. Iiiiigliiiii-jak! Gliiiii-jak! Gliiiii-jak! So gellte es aus dem Horst.

Ingo Brenner ließ Seil nach. Er hatte die Länge des Seils in den Jahren vorher markiert, so daß er wußte, daß er sich ganz herablassen konnte und dann nur quer hinüber zum Felsbrett traversieren mußte. Die Steigeisen mit ihren langen Spitzen brachen die harte Schneedecke auf, und darunter rieselte pulvriger Schnee, weich wie Mehl und sich zu Wolken verbreiternd, in die Senke hinab.

Das Seil war gestrafft. Es schnitt fast in seiner ganzen Länge tief in den Schnee ein. Die um den Mittelstrang gewickelten, verdrehten Hanffasern streckten sich elastisch und knackten leise. Es war ein gutes Seil, dem man vertrauen konnte. Da drang Roswithas schrilles Kläffen an sein Ohr und erschreckte ihn. Das Gliiiii-jak! Gliiiii-jak! wurde metallener und härter. Es wurde zum kurzen Gliük! Gliük! Gliük! Erregt, aufgebracht und wütend. Das Männchen war von der Warte abgesegelt und kam im Stoßflug auf den Mann am Seil zu. Es schoß dicht über ihn hinweg. Der Windstoß warf ihn aus dem Stand auf die Seite, so daß er hilflos auf dem Bauch lag. Gliük! Gliük! Gliük! schrie das Weibchen im Horst. Das gewaltige Männchen flog Ingo erneut an. Der Mann wußte, wie gefährlich ihm das Tier in dieser Lage werden konnte. Greife haben einen letzten Respekt vor dem übermächtigen Menschen. Doch sie können ihn auch ablegen. Und nicht jeder reagiert wie seine Vorfahren.

Das Adlermännchen kam im Stoßflug aus dem Himmel, links von der Sonne, wurde größer, entfaltete sich mehr und mehr und schoß dicht an Ingo vorbei. Dabei führte seine linke Handschwinge einen kräftigen Hieb gegen Ingos Kopf. In einem steilen Bogen flog Fritz zum Himmel auf und zog dort beunruhigt Kreise.

Roswitha hatte sich auf dem Horstrand festgeklammert, die Flügel leicht vom gedrungenen Leib abgesetzt. Deutlich sah Ingo die rostfarben schimmernden lanzenförmigen Spitzen der Brustfedern. Die Krallen waren kräftig wie biegsame Dolche. Der Schnabel schwarz und schrecklich gekrümmt, eine richtige Mordwaffe.

Manchmal hätte ich lieber mit Wellensittichen zu tun, dachte Ingo. Fast schon hätte er den Versuch abgebrochen, an den Horst heranzukommen. Denn nie vorher hatte ein Adler ihn im Angriff berührt. Sie haben eine Fluchtentfernung von zweihundert Metern, streichen also bereits ab, wenn man sich ihnen auf diese Distanz nähert. Doch solange sie brüten, gelten andere Gesetze.

Schon spürte er in der reinen Winterluft den flüchtigen, beißenden Geruch frischen Kots. Das Adlerweibchen ließ sich seitwärts aus dem Horst fallen, stellte die Flügel aus und strich ab, hinüber zur gespaltenen Kiefer, auf die der Blitz es schon so häufig abgesehen hatte. Roswitha stellte dort die geschlossenen Flügeldecken gegen den Fahrtwind, bremste und sank auf den Ast nieder.

Jetzt kam Ingo Brenner mit den Knien auf das Felssims. Am Horst war das Sims einen halben Meter breit, dahinter jedoch war die tiefe Spalte. Es war ein idealer Platz für einen Horst und verwunderlich, daß noch kein anderer Adler hier je gebaut hatte. In der Höhle verstreut lagen Knochen von Beutetieren, doch sie waren alle nicht älter als ein paar Jahre, meist blank und sauber abgefressen. Im geschieferten Fels des Simses waren kleine Pfützen von geschmolzenem Schnee; sie spiegelten den Himmel ganz blau wider. Die Hirschstange ragte weit aus dem Horst hervor, grau und verblichen. Von der Mittelsprosse bis zur Krone wand sich ein heller Farnstengel und vibrierte im Wind. Der Kinderfäustling lag noch immer in der Horstmulde, genau wie damals vor drei und auch vor sieben Jahren, als Ingo hier am Horst gewesen war. Der Fäustling war früher blau gewesen; jetzt war er bräunlich, aber den eingestrickten roten Stern konnte man noch gut erkennen.

Und wie vor drei Jahren lag eines der beiden Eier auf dem Fäustling und das andere daneben. Sie waren groß und schmutzigweiß. Eines von ihnen hatte bräunliche und violette Schalenflecken, das andere, viel kleinere Ei war ungefleckt. Die

Schale der Eier war rauh und grobkörnig. Der Vogelkundler nahm die kleine Laborwaage aus der Gürteltasche, stellte sie im Horst auf und justierte sie, so daß der schwarze Zeiger genau mit dem festen roten Zeiger übereinstimmte. Behutsam nahm er das größere Ei auf und legte es in die gepolsterte Schale. Der Meßstrich blieb bei 172 Gramm stehen. Das war ein hervorragendes Gewicht für ein Adlerei. Es ließ auf ein stämmiges Baby schließen. Das Innere schimmerte grünlich, als der Mann am Horst es gegen die Sonne hielt.

Ingo legte das Ei auf den Fäustling zurück. Er setzte die Meßlehre an und trug auch die Maße — 80,1 Millimeter mal 59,2 Millimeter — in sein Notizbuch ein. Das ungefleckte Ei war nur 62 Millimeter lang und 52 Millimeter breit. Es wog 118 Gramm.

Dann prüfte der Ornithologe den Sitz des Horstes. Er war so fest, als wäre er aus Backsteinen errichtet. Ingo nahm eine Kotprobe vom Horstrand auf und strich sie in einen Blechbehälter. Auch ein Büschel heller Basisfedern nahm er auf, um sie später im Labor zu untersuchen, ob sie Giftstoffe enthielten. Als er sich am Seil vom Horst entfernte, war er froh, diesem Stück Arbeit entronnen zu sein.

„Alles klar?" erkundigte sich der Junge, als Ingo vor ihm stand und den Schnee von seiner moosgrünen Jacke und den Bundhosen klopfte.

„Alles klar."

„Sind es zwei Eier?"

„Ja."

„Und im Gewicht und in der Größe gut?"

Ingo schmunzelte und legte dem Jungen die schwere Hand auf die Schulter. Es gefiel ihm, wie sachkundig er seine Fragen stellte. Es waren keine törichten Fragen, wie manche Touristenkinder sie stellen, etwa: „Stimmt es, daß Adler Babys und kleine Kinder fressen?" Nein, der Junge war wie ein Forscher am Leben des Raubvogelpaares interessiert.

„Eines davon ist sehr gut, das andere sehr schlecht", antwortete er.

„Wieso schlecht?"

„Es ist viel zu klein und zu leicht."

„Heißt das, es wird gar kein Adler herauskommen können?"

„Ich fürchte nein."

„Aber es könnte sein, oder?"

„Ich glaube nicht."

„Aber möglich wäre es?"

„Möglich ist sehr viel, auch wenn es unwahrscheinlich ist."

Ingo Brenner wollte dem Jungen jetzt nicht sagen, daß der kleine Adler, falls er ausschlüpfen sollte, von seinem größeren Bruder früher oder später getötet werden würde. Meist tötet der stärkere Jungadler bei Kampfübungen den kleineren. So übt er sich in seinen Kräften und verläßt den Horst gestärkt und im Kampf geübt. Doch deshalb fliegen auch selten zwei Jungadler aus. Sie müssen gleich groß und gleich kräftig sein und die gefährlichen Handgemenge glücklich überstehen. Dann besteht die Chance, daß zwei Jungtiere ausfliegen.

Überleben in Todeskälte

Später bei Bernadette am Tisch schilderte Ingo, wie er das große Ei aufgenommen hatte. „Ich hatte es in meiner Hand liegen, schwer, aber zerbrechlich. Es war ein Gefühl wie damals im Bremer Ratskeller, als der Kellermeister mir eine Flasche Wein reichte, die zweihundertdreißig Jahre alt war. Es war etwas ebenso Seltenes und Kostbares, und ich hatte eine fürchterliche Angst, sie fallenzulassen. Dann endlich lag das Ei wieder auf dem weichen Fäustling."

Bernadette verrührte Zucker in ihrem Tee. Nach einer Weile sagte sie: „Sie reden nur von dem großen Ei, doch das kleine ist ebenso gut. Es wundert mich, daß Sie bei dem kleinen nicht solche Angst hatten."

„Das wundert mich auch", sagte Lorenz.

Bernadette fügte hinzu: „Vor drei Jahren war auch ein Ei kleiner als das andere, und trotzdem schlüpfte ein Junges aus."

„Aber es war nicht um so vieles kleiner", entgegnete Ingo.

„Das sagt gar nichts", erwiderte Bernadette, „die Tochter einer Freundin von mir ist eine Frühgeburt gewesen. Sie wog nicht viel mehr als drei Pfund. Alle glaubten sie, es könnte nicht lebensfähig sein, als sie das Baby im Brutkasten liegen sahen. Aber heute sollten Sie die Kleine mal sehen! Sie verhaut sogar ihre älteren Geschwister."

„Wie alt ist sie jetzt?" fragte Lorenz.

„Sechs Jahre. Ich jedenfalls bin sicher, daß auch aus dem kleinen Ei ein Junges ausschlüpfen wird."

„Ich bin auch sicher", sagte Lorenz.

Ingo sagte: „Nun, zwei gegen eins. Und wenn noch der liebe Gott dazuhilft, seid ihr drei gegen mich. Dann wird es wohl klappen." Aber er sagte es mit etwas Spott in der Stimme.

Bernadette brachte Bratäpfel auf braunen Untertellern. Sie legte auch jedem ein kleines Messer mit Holzgriff dazu. Zwei Fliegen umkreisten unablässig den Bastschirm der Lampe, wie zwei Radrennfahrer die Bahn beim Verfolgungsfahren.

Ingo wandte sich dem Jungen zu. „Lorenz, du bist inzwischen ein wertvoller Mitarbeiter geworden. Deshalb meine ich, daß auch du mich in Zukunft duzen solltest. Einverstanden?"

„Ja. Danke, Herr Ingo."

Sie reichten einander die Hand.

„Vielleicht darfst du auch zu ihr du sagen", fügte Ingo hinzu.

Lorenz sah die Frau an.

„Natürlich", sagte sie. Sie reichte ihm ebenfalls die Hand. „Ich wollte es dir sowieso vorschlagen."

Sie hoben ihre Teegläser und tranken daraus. Und Bernadette stand rasch auf und brachte aus der Anrichte neben dem Herd die Flasche mit Enzianschnaps und gab jedem einen Schuß davon in den Tee. „Jetzt können wir richtig prosten", sagte sie.

Sie tranken wieder.

Eine Zeitlang redeten sie nichts. Lorenz sah den beiden Fliegen zu, wie sie Fangen spielten. Etwas Ungelöstes lag in der Luft, etwas noch Ungeregeltes, das eigentlich noch erledigt werden mußte.

Schließlich sprach Lorenz es aus: „Warum sagt ihr eigentlich nicht auch du zueinander?"

Bernadette zögerte etwas, bevor sie Ingo über den Tisch die Hand reichte. Und doch schien es Lorenz, als ob sie beide nur darauf gewartet hätten. Er war stolz darauf, daß er dafür gesorgt hatte, daß sie nun du zueinander sagen würden.

Am Tag darauf brachte Ingo ihn ins Heim nach Weilheim zurück. Der Speisesaal war hoch wie ein Kirchenschiff. Alles war sauber und adrett, der graue Linoleumfußboden glänzte, die Schwestern waren freundlich, niemand tat ihm etwas zuleide. Und doch war es nicht so, wie es oben am Berg gewesen war. Es gab keine Gebirgskiefern, um deren freigeschmolzene Wurzeln wildes, gieriges Frühlingsleben erwachte. Die Steinadler waren unendlich weit entfernt und nur im Traum unwirklich nah. Sie beschäftigten den Jungen den ganzen Tag über. Die Nähe zu den Steinadlern und die Kenntnis um sie waren etwas, das ihn bereicherte, das ihm ganz allein gehörte, und das ihn irgendwie aus den anderen Kindern im Heim heraushob. Zumindest aus seiner Sicht gesehen. Und da war noch die Freundschaft zu Ingo und zu Bernadette, denn nicht nur, weil sie nun du zueinander sagten, war längst eine echte Freundschaft daraus geworden.

Bernadette hatte ihm viel von sich erzählt. Sie wollte später drei Kinder haben, zwei Jungen und ein Mädchen, außerdem Pferde, Katzen, Hunde, Hühner und eine Ziege. Sie wollte auch zwei Wellensittiche und Hasen haben, aber keine Stallhasen, sondern solche, die frei herumlaufen.

Lorenz Kreuzer malte sich aus, welch eine umfangreiche Familie entstehen könnte, wenn Ingo Bernadette heiraten würde. Und er stellte sich vor, wie heimelig schön es wäre, in solch einer Familie zu leben. Aber er verdrängte diesen Gedanken wieder, weil es ein Traum war, der für ihn immer und für alle Zeiten unerfüllbar bleiben würde. Er mußte sich auf seine Lehrzeit in Kiel konzentrieren. Nur ganz allein darauf.

Bernadette hatte „Lenzi" zu ihm gesagt, das hatte ihm gefallen. Obwohl er die verkrüppelte Hand hatte, mochte sie ihn gerne. Die Hand machte ihr gar nichts aus, überhaupt nichts. Nein, er wollte nicht zuviel daran denken. Aber auf die Osterferien durfte er sich trotzdem freuen. Denn dann würde er wieder ins Haslingergebirge hinauf dürfen und womöglich sogar einmal mit der Schaukelpost fahren.

Zwei Wochen lang hielt oben im Gebirge das milde Wetter an. Dann kam der Frost. Er ließ alle Feuchtigkeit gefrieren, bildete Eisplatten, überzog alles mit seinem harten Panzer. Das Gebirge war ein einziger Gefrierschrank.

Regungslos harrte Roswitha auf ihren Eiern aus. Dicke Eiszapfen sperrten einen Teil des Zugangs zum Horst. Wenn die Eisfürsten hoch im Norden auch noch ihren grimmigen Wind schickten, duckte Roswitha sich tiefer, plusterte das Gefieder auf, während der Frost mehr und mehr in sie eindrang.

Das Männchen saß drüben auf der Warte, der gespaltenen Kiefer. Er beobachtete das Gelände, doch nichts regte sich dort. Nichts, was den Blick auf sich gezogen hätte, was wenigstens ein wenig Hoffnung erweckt hätte. Kein vom Wind über den eisigen Schnee getriebenes welkes Blatt, kein Wiesel, das selbst auf der Suche nach Nahrung war, kein Schneehase, nichts. Manchmal flog Fritz auf und streifte in den Tälern umher. Und fast immer kehrte er ohne Beute zurück. In dieser harten Zeit magerten die beiden Greife stark ab.

Ingo machte sich ernsthafte Sorgen um sie. Er saß bei Bernadette in der Küchenstube, doch es war nicht so gesellig wie damals, als der Junge noch da war. Für die Hochlagen der Alpen kündigte der Wetterbericht Temperaturen bis zu 40 Grad minus an.

„Wenn man nur für das Weibchen etwas tun könnte", sagte Ingo. Brütend starrte er auf die alte gedunkelte Ahornplatte des Tisches, den Kopf in die Hände gestützt. Er tat Bernadette in seiner Niedergeschlagenheit leid, denn sie spürte, wie sehnlich er es sich wünschte, daß wenigstens ein Adler ausfliegen würde. Sie hatte ihm den Schal geschenkt, den sie ihm schon zu Weihnachten gestrickt hatte. Doch selbst dieses Geschenk hatte ihm nur für Minuten Freude und Ablenkung gebracht.

„Es ist doch besser, der Frost ist jetzt da, als später, wenn die Jungen ausgeschlüpft sind", suchte sie ihn zu trösten.

Doch er antwortete nur: „Es ist beides gleich tödlich. Es wird wieder mit einer Tragödie enden."

Nach einer Weile fügte er in hoffnungslosem Ton hinzu: „Aber ich kann doch nicht hinaufgehen und ihr etwas Warmes zu trinken oder eine elektrische Heizdecke mitbringen."

Dann redeten sie über den Jungen. Sie redeten eine ganze Weile um den Brei herum, wie um etwas Heikles, dem man sich nicht ohne weiteres nähern durfte.

Schließlich aber sagte Ingo: „Die Hütte hier ist doch nicht anders als vorher, oder?"

„Nein, wieso?" fragte sie.

„Sie kommt mir ganz einfach leer vor. So, als wenn ein großes Möbelstück fehlte."

Sie nickte. „Mir geht es ebenso. Es war schön, wie er da war, und ich konnte mich um ihn kümmern. Als die Schaukelpost mit den Medikamenten kam, und ich ihn verarztet habe. Jetzt ist sein Zimmer so kalt, die Fenster so dick voller Eisblumen, daß ich gar nicht hineingehen möchte."

„Er ist ein fröhlicher Bursche", sagte Ingo.

Während die beiden in der kleinen Hütte über Lorenz Kreuzer redeten, saß weit oben im Hirschstangenhorst das Adlerweibchen auf den beiden Eiern und hielt sie warm. Sie saß regungslos da, unbeugsam, tapfer, am Leben gehalten von dem uralten Instinkt aller Muttertiere, die bis zum Tode für ihre Jungen leben. So trotzte sie dem Frost, der in sie eindrang, sich ihrem schwach pulsierenden Herzen näherte, um es zu töten.

Die Sterne am Himmel funkelten und gleißten. Wo die Sonne untergegangen war, war der Himmel zwischen Bergspitzen noch so hellblau wie am Tage. Von dort strich spät das Adlermännchen herein. Es flatterte vor dem Horst auf, bereit abzuschwenken, falls Roswitha ihn wieder abweisen würde. Doch diesmal schickte das Weibchen ihn nicht fort.

Dichtgedrängt hockten sie aneinander. Die Temperaturen sanken weiter, alles Leben war wie eingefroren. Als morgens um fünf Uhr der erste fahle Dämmer den Schnee der Senke aus seinem dunklen Bronzeton grau färbte, als die Konturen der Tannen und Kiefern sich wieder abzuzeichnen begannen, mußte sich entschieden haben, ob die Adler noch lebten. Sie hätten in dieser Nacht sterben können — aber sie hatten überlebt.

Roswitha war so eingefroren, daß sie erst am späten Vormittag flugfähig war. Sie kippte über den Horst ab, spreizte die Flügel, gewann im Segelflug Fahrt und zog mit wenigen noch unbeholfenen Ruderschlägen davon.

Schon am Talausgang, unterhalb des dritten Horstes, fand sie einen erfrorenen Tannenhäher. Noch vor dem Abend zogen Wolken auf. Das bedeutete, daß die folgende Nacht nicht wieder so grimmig kalt werden würde. Das Greifenpaar hatte die schwerste Nacht seines Lebens überstanden.

Dem Adler ein Schnippchen geschlagen

Ende April, nach einer schier endlosen Zeitspanne, kam Lorenz Kreuzer wieder auf den Berg. Ingo hatte ihn die ganze Zeit über brieflich von den Ereignissen rund um den Horst unterrichtet, so daß er auf dem laufenden war. Nur eines wußte noch keiner, und das würde sich jetzt entscheiden: Würde die Brut erfolgreich sein?

Der Frühling hatte inzwischen endgültig den strengen Frost verjagt. Nur noch an der Nordseite der Senke lag ein Streifen Altschnee, so daß die Rehe, wenn sie dort aus der Fichtenschonung traten, noch die Spuren ihrer kleinen harten Hufe hinterließen. Tagsüber war die sonnige Senke ein Tummelplatz für die Tiere. Singvögel erfüllten die Luft mit Gezwitscher, und drüben im Geröll des Kasperer Jochs aalten die Murmeltiere sich im Sonnenschein.

Ingo Brenner war den ganzen Tag auf der Plattform, um die brütenden Vögel zu beobachten und zu filmen oder zu fotografieren. Lorenz stellte ihm unablässig Fragen.

„Hast du die Eier noch mal gemessen, Ingo?"

„Nein. Sie sind ja nicht größer geworden."

„Gehst du gar nicht mehr zum Horst?"

„Doch. Sobald Junge ausschlüpfen, beginnt die eigentliche Arbeit."

„Glaubst du jetzt auch, daß das Kleine ausschlüpft?"

„Nein. Immer noch nicht."

„Aber du sprachst von den Jungen doch in der Mehrzahl."

„Das ist wohl Gewohnheit."

„Und welche Arbeit beginnt dann?"

„Sie müssen jede Woche gewogen werden. Sie sollten auch beringt werden."

„Jede Woche gewogen?"

„Ja. Genau wie die Babys in der Klinik."

„Wie lange werden sie gewogen?"

„Bis sie flügge sind und ausfliegen."

„Darf ich mal am Seil runter und sie wiegen?"

„Nein."

„Weshalb nicht?"

„Weil es zu gefährlich ist. Wenn ich dein Vater wäre, würde ich es erlauben. Aber ich darf es ganz einfach nicht."

„Aha."

„Außerdem müssen wir erst mal hoffen, daß es überhaupt etwas zu wiegen geben wird."

„Klar. Natürlich."

Nach einer Weile erkundigte sich Lorenz: „Warst du oft bei Bernadette essen?"

„Ja. Sehr oft."

„Aber früher wolltest du nicht dorthin."

„Ich war früher nicht so oft dort."

„Wart ihr auch zusammen spazieren?"

„Was?"

„Ob ihr spazieren wart. Am Bach. Oder seid ihr zusammen in der Frühlingssonne gesessen?"

„Woher weißt du das?" Ingo sah den Jungen erstaunt an. „Hast du uns hinterherspioniert?"

„Dann wart ihr also in der Sonne gesessen und am Bach spazierengegangen?"

„Ja. Das stimmt. Das waren wir."

„Öfter oder nur einmal?"

„Also hör mal. Habe ich etwas verbrochen, daß du mich so ausfragen mußt?"

„Nein. Du hast nichts verbrochen. Du brauchst mir auch nicht zu antworten."

„Gut. Dann stelle ich dir einige Fragen."

„Ist gut", sagte Lorenz. „Doch bevor du fragst: Ich habe ein paar Spiele mitgebracht, Halma, Mensch-ärgere-dich-nicht und andere. Wenn ihr Lust habt, könnten wir sie zusammen spielen."

„Sicher. Bernadette und ich wußten schon nicht mehr, was wir miteinander anstellen sollten."

„Das glaube ich nicht ganz", erwiderte der Junge. „Aber stelle mir jetzt die Fragen."

„Gut. Hast du dein Zeugnis bereits?"

„Nein. Aber ich weiß die Noten."

„Wie sind sie ausgefallen?"

„Lauter Einser und drei Zweier und ein Dreier."

„Sie sind also schlechter geworden?"

„Ja. Der Lehrer sagt, ich hätte meine Gedanken die letzte Zeit ganz woanders gehabt."

„Und das stimmt auch, nicht wahr? Du hast sie hier oben am Berg gehabt?"

„Ja."

„Wie lange wirst du noch in diesem Heim bleiben?"

„Nach den Ferien noch einen Monat."

„Und dann geht's nach Kiel?"

„Ja."

Der Junge sagte eine Weile nichts. Er hatte einen Zweig von einer Latsche abgerissen und zupfte mit den Fingern der verkrüppelten Hand die Nadeln ab. Er dachte über etwas nach. Als er die Hälfte der Nadeln säuberlich von unten nach oben ausgezupft hatte, fuhr er fort: „Es ist ein schönes Heim. Es wird erst im Juni eröffnet. Es ist nicht in Kiel, sondern fünfzig Kilometer davon entfernt an der Ostsee. Von der Terrasse aus kann man das Meer sehen. Es sind viele Möwen dort, die man beobachten kann. — Man kann doch auch aus Hobby Ornithologe werden, nicht wahr?"

„Wie meinst du das?"

„Ich meine, ich könnte beispielsweise Radiotechniker werden, im Hauptberuf. Nebenbei könnte ich alles über Vögel lernen, über ihre Nester, ihr Futter und ihre Gewohnheiten."

„Natürlich."

„Vielleicht kann ich einen Seeadler beobachten und dir darüber schreiben."

„Sicherlich", sagte Ingo. „Wenn du ihn wissenschaftlich beobachtest und über deine Beobachtungen Aufzeichnungen machst, können diese sehr wertvoll sein. Möchtest du denn Radiotechniker werden?"

„Ich weiß es nicht. Vielleicht Schwachstromelektriker. Ich habe mir darüber noch keine Gedanken gemacht."

„Warum nicht?"

„Ich habe die ganzen Wochen über gehofft, ich könnte den gleichen Beruf ausüben wie du. Ich habe mir vorgestellt, daß wir in deiner Warte in Weilheim zusammen im Labor arbeiten. Oder hinaus in die Moore gehen und die Vögel dort beobachten. Lauter solchen Blödsinn habe ich mir vorgestellt."

„Das war kein Blödsinn, Lorenz."

„Doch. Es war Blödsinn, weil es nicht so sein kann. Es waren Kinderträume."

„Na und? Du bist ein Kind. Und Träume sind für uns alle wichtig. Sie sind auch für Erwachsene wichtig. Auch ich träume von vielen Dingen. Und Bernadette ebenfalls."

„Aber die Träume haben mich von der Schule abgehalten, und deshalb haben sie mir geschadet." Er hatte die letzte Nadel von dem Zweig abgezupft, und er roch den würzigen frischen Duft, den der kahle Stengel noch hatte. „Ich bin auch kein Kind mehr", sagte er.

„Doch, du bist ein Kind. Du wirst noch lange ein Kind bleiben."

„Ich habe das Gefühl, ich war nie eins."

„Weil meistens die Eltern es sind, die dem Kind die Empfindung geben, Kind zu sein. Das hast du nicht gekannt." Ingo legte den Arm um die Schulter des Jungen. Mit der freien Hand fuhr er ihm durch sein dichtes schwarzes Haar. „Du wirst noch eine ganze Weile Kind bleiben", sagte er. „Und das ist gut so."

In diesem Augenblick wippte drüben der Ast der gespaltenen Kiefer, weil das Adlermännchen dort seine Sitzposition verändert hatte. Ein hellbrauner Hase hoppelte aus der Fichtenschonung über die Böschung, die der Restschnee dort bildete, verharrte und hoppelte weiter auf die Wiese. Wie in sich versunken rupfte er an saftigen Pflanzen, hob den Kopf, und man konnte sehen, wie sein kleiner Kiefer sich ganz rasch bewegte. So mümmelte er, auch wenn er zwischendurch wachsam das Gelände übersah, dann hoppelte er weiter und schnüffelte nach Feinschmeckerkräutern.

Ingo rutschte auf seinem Falthocker näher an die Filmkamera heran, die auf dem Stativ saß. Er hatte das Gesicht jetzt ganz zwischen den schwarzen Gummilappen am Sucher und den Finger am Abzug.

Es war still über der Senke. Ein weißer Schmetterling kam umbekümmert flatternd heran, taumelte über eine Erikagruppe, schien sich erst ausruhen zu wollen, flatterte aber dann unruhig weiter. Der Hase überquerte gemächlich hoppelnd die Senke, bis er drüben am Fels, unterhalb des Hirschstangenhorstes, angelangt war.

„Es ist ein alter Hase", flüsterte Ingo. „Im wahrsten Sinne des Wortes. Mit ihm wird Fritz es nicht allzu leicht haben. Ein alter Berghase wie der hat schon so manche Erfahrung mit Raubvögeln hinter sich."

Eine Weile geschah nichts. Nur sinnlos abgespulter Farbfilm surrte in der Kamera. Drüben krächzte ein Häher. Murmeltiere brachten im Geröll einen Stein ins Rollen, der nun hurtig bergab kullerte und liegenblieb. Der Hase saß aufrecht auf dem Erdboden. Er hatte die langen Löffel aufgestellt, die Vorderläufe steif in den Boden gestreckt. Irgendwie ahnte er Gefahr. Die Seher achteten auf alles, was sich auf der Senke regte, und wenn es nur der Wind war, der eine nahe stehende Edelraute oder eine Aurikel bewegte.

Dann flog der Steinadler von der Warte ab und kam im Gleitflug herunter. Er schleppte den Schatten hinter sich her, so daß der Hase ihn erst spät bemerkte, und so gesehen war dem Greif der Überraschungseffekt, den er zum Jagen benötigt, geglückt. Er war über dem Hasen und spreizte die Flügel wild aufrecht gegen den Fahrtwind. Er fiel fast hintenüber dabei, schwenkte wild flatternd auf dem Boden herum, als der

Hase mit einem Haken längst weg war. Mit raschen, zügigen Winkelschlägen setzte das kleine hellbraune Tier auf die Fichtenschonung zu.

Nun ließ der Raubvogel sich Zeit. Er hatte es so, wie er es liebte. Das ganze flache, unbestandene Gelände vor sich und ein Beutetier darauf, das hundertfünfzig Meter brauchte, um im Wald unterkriechen zu können. Er hob und senkte die weiten Flügel und strich dicht über dem Boden hinter dem Hasen her. Die Läufe mit den leicht gespreizten, stoßbereiten Krallen waren angezogen. Er folgte dem hakenschlagenden Tier in gradlinigem Flug, so daß er viel Weg verkürzte. Schon huschte sein Schatten über das Beutetier hinweg und ängstigte es.

Fritz hatte in seinem Leben viele Hasen gejagt. Er kannte ihre Haken, vor allem aber ahnte er ihre Fluchtziele. Das war sehr wichtig und ein Ergebnis langer Erfahrung. Er wußte genau, wohin dieser Hase sich trotz aller seiner Haken bewegte.

Ingos Gesicht war noch tiefer in der Kamera vergraben, deren Werk surrte und surrte. Lorenz' Herz jagte. Seine ganze Sympathie galt in diesem Augenblick dem Hasen. Er hoffte ganz inständig, daß dem Hasen die Flucht in die Schonung hinüber gelingen möge.

Der Steinadler bremste den Stoßflug ab, indem er den Schwanz fächerte. Die rechte Handschwinge korrigierte den Flugweg. Jetzt, wo das Raubtier dicht über ihm war, spürte der Hase, daß der nächste Haken der letzte seines Lebens sein würde. Und schon fuhr er herum, richtete sich auf und ließ die Vorderläufe hängen. So erwartete er den riesigen Greif. Als das fürchterliche Untier vor ihm war, sprang der Hase in einem akrobatischen Satz zwei Meter zur Seite. Sofort hoppelte er, wild hakenschlagend, weiter auf die Schonung zu. Als der Schatten des Raubvogels wieder über ihm war und ihn überholte, fuhr er wieder herum, wieder mit abgeknickten Vorderläufen. Die Sprungläufe lagen lang auf dem Boden, die Löffel waren hochgestellt. Er zitterte vor Aufregung, seine Kiefer bewegten sich mümmelnd, was eine Folge der schrecklichen Angst war.

Der Steinadler flog ihn pfeilschnell an. Doch diesmal sprang der Hase nicht zur Seite, sondern, als die Krallen des Greifs sich fast schon in die Erde zu bohren schienen, mit einem wilden Satz über den mächtigen Greif hinweg. Er setzte hart auf und hoppelte weiter. Der Adler rutschte mit aufgestellten Flügeln über den Boden. In der Kehrtwendung überschlug er sich fast. Seine Flügel klatschten auf den Boden. Federn und abgefetztes Gras wirbelten hoch und senkten sich langsam herab.

Die Kamera surrte unablässig weiter.

Der Steinadler hatte jetzt seinen letzten Versuch. Mit weit ausgeschobenen Flügeln jagte er hinter dem Hasen her. Dann war er über ihm. Die purpurn schillernden Oberdecken seiner Flügel deckten den Hasen fast zu, und Lorenz gab den Berghasen nun endgültig verloren.

Doch da kam er zur Seite heraus. Der Greif schwang sich auf den Rücken und stieß den bekrallten Lauf heraus. Aber der Hase war weg, schon flitzte er über die Schneeböschung und war in der Fichtenschonung verschwunden.

Die Kamera surrte weiter, während Fritz enttäuscht und entmutigt und auch lächerlich gemacht auf der Wiese saß. Unbeholfen stelzte er über den Boden. Eine Weile blieb er sitzen, rüttelte, um die Schwingen wieder zu ordnen. Dann hob er ab und segelte seiner Warte zu, um dort über den begangenen Fehlern zu brüten.

Ingo nahm den Finger vom Abzug. Er lächelte dem Jungen zu und schlug ihm triumphierend auf die Schulter. „Das ist ein Streifen, wie man ihn nicht alle Jahre kriegt", sagte er. Er kramte eine Coladose aus seinem Rucksack, zog den Ring im Blechdeckel an, es zischte, als das Loch entstand. Er reichte die Dose dem Jungen. Lorenz trank und gab die Dose seinem Begleiter zurück.

„Es war ein wirklich alter Hase, ein echter Profi", sagte Ingo, als er die Dose abgesetzt hatte. „Er hat einen ungemein geschärften Instinkt für Gefahren. Er ist fast nicht zu kriegen."

„Der Adler war irre schnell. Hat man seine Geschwindigkeit schon gemessen?"

„Wenn sie hinter der Beute gleiten, erreichen sie hundertachtzig Stundenkilometer. Wenn sie im Stoßflug herabschießen, sind sie schnell wie ein Formel-eins-Rennwagen, gute dreihundertzwanzig Stundenkilometer."

„Aber der Hase war schlau, nicht wahr?"

„Sehr schlau. Solange sie jung sind, sind sie eine leichte Beute. Aber sie speichern alle ihre Erfahrungen. Ein Jungadler wird immer nur einen kranken Hasen schlagen können. Einen, der irgendwann mit Schrot angeschossen wurde. Oder einen, der Durchfall hat und dadurch geschwächt ist. Jungadler stellen sich bei der Jagd schrecklich dumm an. Sie müssen beim Jagen froh sein, nicht selber umgebracht zu werden. So tolpatschig sind sie. Selbst eine wildernde Hauskatze kann ihnen gefährlich werden und sie töten."

Eigenmächtig zum Adlerfels

Tage später begann es zu regnen. Der Boden dampfte und gab seine Gerüche und Düfte frei. Wo noch Schnee lag, machte der Regen ihn glatt und bildete Pfützen darauf, in die die Regentropfen hineinklatschten. Bernadette zeigte dem Jungen am Wasserschaff hinter dem Haus, wie die Wassertropfen winzige Kaiserkronen bildeten, wenn sie aufschlugen, hochschwappten und in sich zusammensanken.

„Sieh es dir ganz aus der Nähe an", sagte sie. „Jede Krone ist anders. Unzählige sind es und alle sind voneinander verschieden. Genauso wie alle Schneeflockenkristalle verschieden sind."

Sie zeigte ihm auch die Wechsel des Rotwilds im Wald. Auch eine Stelle im Fels, wo Edelweiß wuchs. Sie kamen flach am Fels, weich wie Samt und in trübem Weiß heraus. „Es sind sehr kostbare Blumen", sagte sie, „so kostbar wie unsere Steinadler, jede einzelne von ihnen. Wir müssen sie hegen und dürfen niemals jemandem verraten, wo sie stehen."

„Warum hast du es mir verraten?" fragte er.

„Weil ich in dich Vertrauen habe."

„Würdest du es sonst niemandem sagen?"

„Nein, niemandem. Außer meinen Eltern. Denen würde ich es sagen."

„Und Ingo?"

„Ingo würde ich es ebenfalls sagen, aber sonst niemandem."

Sie führte ihn zu einer Quelle, die mitten im Tannenwald an einer steilen Stelle herauskam. Das Quellwasser sammelte sich sprudelnd in einer kleinen erdigen Mulde. Daraus ergoß sich ein Rinnsal hangabwärts.

„Du mußt das Wasser schmecken!" forderte sie ihn auf. „Es ist weich und schmeckt wie kein Wasser sonst. Es sickert durch den ganzen Berg, ehe es gefiltert hier herauskommt."

Wo der Bergbach entlangfloß, wuchsen Lärchen mit ihren hängenden Ästen und den hohen Wurzelstrünken. Jenseits des Baches war eine felsige Wand, die sich absenkte. Hundert Meter tiefer, etwa auf Höhe der Madlener Hütte, war der Bach offen und breit. Sein Wasser schäumte hier um zwei Inseln, die von Felsblöcken und gestautem Reisig und Treibholz gebildet wurden. Und auf einer der Inseln saß Roswitha!

Sie saß ihnen abgewandt da, den Bürzel hochgereckt, und blickte in die gischtende Flut.

„Es gibt Forellen dort", flüsterte Bernadette.

Das Steinadlerweibchen blickte kurz auf, plusterte sein Gefieder und widmete sich weiter der Beobachtung des Wassers.

„Sie weiß wohl nicht, was es ist, was dort so silbern aus dem Wasser blinkt", flüsterte die Frau neben Lorenz. „Vielleicht fürchtet sie sich sogar davor."

Roswitha sprang jetzt mit einem Flügelschlag von einer Insel zur anderen hinüber. Den gerundeten Felsblock entlang tastete sie sich dem Wasser entgegen. Da, in einer jähen Bewegung, schoß ihr Fang heraus, hieb ins Wasser, daß es aufspritzte und brachte einen zappelnden Fisch hervor. Sofort stieg sie auf und schwebte über die Köpfe der beiden Menschen bergaufwärts. Lorenz und Bernadette konnten durch den Nieselregen deutlich den Fisch sehen, um den die schwarzen Krallen sich geschlossen hatten. Er wirkte wie ein Stück polierten Silbers, wie er dort oben im Regen blinkte.

Ingo wollte es später, in der Hütte, nicht glauben. „Einen Steinadler, der fischt?" fragte er. „Davon habe ich noch nie gehört."

„Dann gibt es ihn jetzt", sagte der Junge.

„War's nicht vielleicht eine Taube?"

„Die fischt noch viel weniger nach Forellen", antwortete Bernadette lachend.

Lorenz dagegen blieb ernst. „Es war Roswitha", sagte er in beschwörendem Ton. „Ganz sicher! Wir haben deutlich das weiche goldene V auf ihrem Nacken gesehen."

„Immerhin ist das eine kleine Sensation", erklärte Ingo. „Ich werde euch für diese wahrhaft seltene Beobachtung für das Bundesverdienstkreuz in Gold vorschlagen."

„Ich habe ein Paßfoto zu Hause", sagte Lorenz. „Für den Fall, daß ich in die Vogelzeitung komme."

Ingo lächelte vergnügt, erwiderte dann aber ernst: „Das ist gar nicht ausgeschlossen. Das ist beileibe nicht ausgeschlossen."

Am folgenden Morgen kam Ingo nicht zu Bernadettes Hütte, weil er zu seiner Vogelwarte nach Weilheim fahren mußte, um dort die eingegangene Post zu sichten und zu bearbeiten.

Vormittags um zehn Uhr verabschiedete Lorenz sich von Bernadette, um allein zur Kasperer Kuppe aufzusteigen. Wegen des Regens hatte er eine dunkelblaue Plastikjacke über seinen Pullover gezogen. Den Kragen hatte er hochgeschlagen. Die Jeanshosen steckten in hohen Stiefeln. Und mit einem gelben Schal aus Bernadettes Schublade sah er gut verpackt aus.

Er nahm das Fernglas und verabschiedete sich von ihr.

„Du bist schon einmal allein hoch, und es hätte fast ein Unglück gegeben", sprach sie in warnendem Ton zu ihm. „Paß auf, daß du nirgendwo abgleitest. Es regnet, und der Boden ist glitschig."

„Ich passe auf", versprach er ihr.

„Hast du noch Hunger?"

„Nein."

„Du weißt, ich warte mit dem Mittagessen auf dich." Sie setzte ihren Daumen an seine Stirn und wischte das Kreuzzeichen darauf.

Als er ins Freie getreten war und sich von der Hütte entfernt hatte, wandte er sich um und sah ihr helles Gesicht an einem der quadratischen kleinen Kreuzrahmenfenster. Er erkannte ihre Hand, wie sie ihm winkte, und er winkte zurück.

Er stieg den Pfad entlang, der jetzt wieder ausgetreten und gut sichtbar war, nachdem sie immer wieder zur Plattform hinaufgestiegen waren. Gelbe Markierungskleckse auf Felsblöcken und auf Baumstämmen folgten dem Verlauf des Pfads. Der Regen troff von Lorenz' Haaren herab, in dünnen Rinnsalen auf die Jacke und auch auf den gelben Schal, wo er sich festsaugte.

Es gefiel Lorenz, einen Berg ganz für sich allein zu haben. Das erinnerte ihn an Bernadettes Worte. Und es fiel ihm ein, wie sie ihm das Kreuzzeichen auf die Stirn gemalt hatte. So war sie, als er krank gewesen war und sie an seinem Bett saß. Genau so. Er fühlte sogar, wie sie jetzt bei ihm war, rund um ihn herum, irgendwo da. Er wagte nicht daran zu denken, daß sie ihn wirklich mochte. Er durfte es nicht von ihr erwarten, so wenig wie er erwarten durfte, von einer Familie aufgenommen zu werden.

Dann dachte er daran, daß er nun bald nach Kiel ins Lehrlingsheim kommen würde, und es war nicht mehr so verlokkend für ihn, den Möwen am Meer zuzusehen oder Ingo über die Seeadler zu schreiben. Er wußte, daß er dort oben allein sein, sich verlassen fühlen würde. Nur irgendwann viel später würde er heiraten und Kinder haben und nicht mehr allein sein. Aber eine ganze Reihe von Jahren würde er doch allein bleiben.

Er gelangte dort hinauf, wo es von der Kuppe in drei Täler ging Zur Linken schlängelte sich der Pfad zum Wald hinab. Dort ging es zur Ornithologenhütte. Lorenz aber wandte sich nach rechts, wo der Pfad in einem Slalom sich an den Latschen vorbeiwand und zur Plattform führte. Das Kasperer Joch, halb vom Hirschstangenhorstfelsen verdeckt, war regenverhangen. Stets gleich war das Rauschen des Regens, der gemächlich, als hätte er keine Eile, auf die Landschaft niederging.

Als er sich der Plattform näherte, wurde er von einem der Steinadler angeflogen. Vom Rauschen des Regens unterschied sich das hellere, zischende Rauschen, als der mächtige Greif hoch über ihn wegstrich. Der andere Raubvogel kreiste oben im Regen. Sie waren beide aus dem Horst heraus.

Lorenz suchte den Adlerhorst im Fernglas. Die Bilder schlossen sich zu einem Bild, als er die Gläser justierte. Der Horst lag verlassen da, nicht anders als sonst auch. Aber durch das Rauschen des Regens kam unsagbar kläglich und jämmerlich, aber ebenso schrill, ausdauernd und fordernd, ein dünnes Piepsen.

Lange beobachtete der Junge den Horst. Das Bild verwässerte, wenn Regentropfen auf den Linsen aufschlugen, sich dort verbreiteten und abwärtsliefen. Dann putzte Lorenz das Glas mit einem Ende von Bernadettes gelbem Wollschal. Das Piepsen kam vom Horst, dessen war er nun sicher. Drüben setzte jetzt mit ausgebreiteten Flügeln das Adlermännchen auf. Es verdeckte den ganzen Horst. Es blieb auch lange dort, der Horstmulde zugewandt, und das Piepsen war jetzt nicht zu hören. Dann, als der Vogel absegelte, erkannte Lorenz deutlich, wie etwas Spitzes, Weißliches mehrere Male nach oben schnellte und zurückfiel. Und das klägliche Piepsen war wieder zu hören. Das war ein ausgeschlüpfter Jungadler!

Roswitha strich heran, setzte am Horstrand auf und reckte den Bürzel nach oben und senkte den Kopf in den Horst. Ihre Flügel entfalteten sich balancierend. Sie blieb länger als fünf Minuten dort. Und kaum war sie abgeflogen, begann das Kleine erneut zu krakeelen. Aus seiner schwächlichen Brust piepste es unentwegt, als wollte es das ganze Haslingergebirge auf sich aufmerksam machen.

Den Vormittag über kamen die Adlereltern wieder und wieder an. Einmal sah Lorenz deutlich, wie Roswitha eine Maus im Schnabel herantrug. Der Junge fragte sich, weshalb die Eltern nicht weiterbrüteten, nachdem doch nur ein Junges ausgeschlüpft war. War so das andere Ei nicht dem Tod preisgegeben? Hatten Fritz und Roswitha es schon aufgegeben? Er hatte es sich so sehnlich gewünscht, daß aus dem kleineren Ei ebenfalls ein Adlerjunges ausschlüpfen würde. Doch Ingo hatte recht behalten. Er wußte es besser. Es war schade. Aber über diese Enttäuschung lagerte sich doch die Freude, daß wenigstens das Große ausgeschlüpft war.

Hastig stieg Lorenz zur Madlener Hütte ab. Oft rutschten seine Stiefel über das nasse Gras und zogen breite Erdspuren hinter sich her. Er konnte es jetzt kaum erwarten, Bernadette die freudige Nachricht zu übermitteln. Er riß die Tür auf und fiel der jungen Frau am Herd um den Hals.

„Ein Adler ist ausgeschlüpft!" rief er. „Er lebt und ist furchtbar hungrig! Sie bringen ihm wieder und wieder zu fressen!"

„Welche Freude", sagte Bernadette nur. Sie setzte sich auf den Stuhl am Herd und zog den Jungen an den Händen zu sich heran. Sie hielt seine Hände fest und sagte: „Das wird auch für Ingo eine große Freude sein. Läute rasch nach der Schaukelpost! Sie müssen die Kiste heraufschicken, damit wir Ingo benachrichtigen können!"

Ungeduldig sah Lorenz zu, wie Bernadette am Küchentisch die Meldung an Ingo schrieb.

„Schreib schneller, Bernadette!" forderte er sie auf. „Ich muß wieder auf den Berg hinauf!"

„Alles zu seiner Zeit, Lenzi", erwiderte sie. „Deshalb brauchen wir keinen Schmierzettel wegzuschicken. Und das Essen ist ohnehin noch nicht fertig. Die Kartoffeln richten sich nicht nach einem ausgeschlüpften Adler, um gar zu werden. Sie brauchen auch ihre Zeit."

Nie vorher in seinem Leben war Lorenz klargeworden, wie unendlich lange Kartoffeln brauchen, um gar zu werden. Er hätte es nie für möglich gehalten, aber sie brauchten tatsächlich fast ein halbes Jahrhundert! Endlich kamen sie auf den Tisch! Endlich stand die Butter in ihrer blauen Steingutschale da, und Bernadette brachte das Salz! „Nun werden wir in Ruhe essen", sagte sie. „Dann darfst du wieder hinauf. Aber wenn du das Essen hinunterschlingst, darfst du heute gar nicht mehr aus dem Haus!"

Dann war der Junge wieder oben am Berg. Er hatte sich etwas vorgenommen, das ihn aufwühlte und das sein Herz ungestüm klopfen ließ. Das Blut schien an vielen Stellen gleichzeitig zu hämmern, sogar in den Kniekehlen. Er wollte zum Horst und den Kleinen wiegen!

Durch den Wald, entlang an dem abwärtsstürzenden Schmelzwasserrinnsal, das sich tief im weichen Boden eingegraben hatte, stapfte er ungeduldig der Ornithologenhütte entgegen. Als er sie keuchend erreicht hatte, nahm er den schweren Eisenschlüssel aus dem Winkel, den einer der Dachsparren mit der Regenrinne bildete, sperrte auf und entzündete die Petroleumlampe. Er suchte das Seilzeug heraus, das Ingo benutzt hatte, und auch die Laborwaage. Dies alles stopfte er in einen der Rucksäcke, die über dem Matratzenlager an Haken von der Wand hingen. Mit dem Rucksack auf dem Rücken eilte er hinaus und stieg den Berg hinauf. Eine knappe halbe Stunde brauchte er, ehe er aus dem Wald herauskam und das vom Regen grau verschleierte Kasperer Joch sah. Sobald der Wind einfiel, brachte er ein verwehtes Piepsen an sein Ohr.

Er näherte sich der Horstwand, und einer der Adler flog ihn aufgebracht an und strich über ihn hinweg. Ein schlechtes Gewissen hatte sich in ihm dumpf verkrallt. Doch ebenso glühte auch die Vorfreude in ihm, Ingo das so wichtige Schlüpfgewicht nennen zu können! Diese beiden Empfindungen lagen in ihm miteinander im Widerstreit. Mal gewann das schlechte Gewissen die Oberhand, und Lorenz fühlte sich weich in den Knien und flau im Magen. Dann wieder siegte die Vorstellung, wie er Ingo stolz gegenübertrat und ihm den Zettel entgegenhielt, auf dem das Gewicht des ausgeschlüpften Kükens stand. Und da kam noch die Angst hinzu und schlich sich ein und rührte am schlechten Gewissen: Konnte er das Küken womöglich mit einer ungeschickten Bewegung töten? Das wäre eine schreckliche Tragödie, für die Tiere ebenso wie für ihn und für Bernadette und vor allem für Ingo! Er würde ungemein aufpassen müssen, daß es ihm nicht aus den Fingern rutschte und vielleicht sogar aus dem Horst fiel!

Wie er es an Ingo beobachtet hatte, schlang er das Seil um den Felsen und sicherte es zusätzlich am Krüppelstamm der Bergkiefer. Er zwang sich zur Ruhe und ging behutsam vor. Den Rucksack band er vorne auf die Brust, um die Waage griffbereit zu haben, wenn er sie brauchte. Und er vergewisserte sich, daß der Karabinerverschluß des Rucksacks eingefedert war. Über diese kleine Sicherheitsvorkehrung war er stolz. Sie gab ihm Ruhe und Selbstvertrauen. Er tat alles mit

Sorgfalt und äußerster Vorsicht. Er wollte kein Kind sein, das leichtfertig handelte, sondern er wollte wie ein Erwachsener umsichtig vorgehen.

Er klemmte die Strähnen seines nassen schwarzen Haars hinter die Ohren. Seine gerippten Stiefelsohlen waren vom Schlamm verklebt. Das Profil fand auf dem regennassen Berggras keinen Halt. Dies mußte er durch stärkeren Zug am Seil und durch senkrechtes Abstützen ausgleichen.

Beide Adler kreisten am Himmel, während das Piepsen dringlicher und gellender wurde. Doch der Junge ließ sich dadurch nicht stören. Er schlang das Seil, wie Ingo es getan hatte, um Oberschenkel und Hüften und verknotete es dort fest. Die feinen, rosigen Finger seiner verkrüppelten Hand vermochten das Seil gerade zu umschließen. Doch sie hielten ihn ohne Zutun der gesunden Hand, als das Seil sich straffte, sich etwas dehnte und leise knarzte.

Jetzt seilte er sich vorsichtig ab. Da bemerkte er, wie oben das Seil über einen fingerdicken Wurzelstrang der Bergkiefer scheuerte, wie sich schwarzbraune Rinde abrieb, so daß das helle Wurzelholz durchleuchtete. Er stieg noch einmal hinauf und verlegte das Seil, so daß es nur über schlüpfriges Gras lief. Er stieg ab, bis das Seil gestrafft war, und querte zum Fels hinüber.

Piiiiiaaa, piiiiiaaa! So klang das feine Stimmchen. Der Junge kam unterhalb des Felssimses an den Horst, zog sich hoch und setzte sich. Er saß mitten in einer Pfütze auf dem Schieferfels. Gut achtzig Meter stürzte die Wand steil unter ihm ab. Das Seil hing schlaff nach unten. Wenn Lorenz jetzt abrutschte, würde das Seil ihn auffangen. Doch es würde ihm einen fürchterlichen Schlag versetzen. Er konnte mit dem Kopf gegen die

Wand schlagen und bewußtlos werden. Und wenn dann Ingo oder Bernadette nicht bald kämen, würde er einen herrlichen Nahrungsvorrat für die Adlerfamilie abgeben.

Deshalb bemühte der Junge sich, keinen einzigen Fehler zu begehen. Naß und kalt war es in der Pfütze. Doch er mußte sich auf dem Felssims durch eine weitere Pfütze schieben, um ganz nah an den Horst heranzukommen. Dann endlich blickte er über den Horstrand hinein. Und es waren zwei Junge darin!

Eines war recht stattlich, weißgrau und gierig, und es schrie unablässig. Das andere kauerte matt und klein auf einem Kinderfäustling, halb noch auf der gebrochenen Eischale, und bewegte nur den nackten weißen Kopf. Beide hatten sie ein schmutzigweißes Dunenkleid mit fahlgrauem Anflug. Um die Augen waren sie schwarz. Die Füße waren dünn und zerbrechlich wie Streichhölzer und ganz gelb, und die Krallen waren schwarz. Ihre Augen waren dunkelbraun, doch sie schimmerten ganz metallisch blau. Die gefältelte Nickhaut zwischen Schnabel und Augen war hellblau.

Neben dem Kleineren lagen blutige Reste einer Maus, der dünne lange Schwanz und blutverschmierte Fellstücke. Lorenz nahm dieses Stück, trennte Schwanz und Fell vom Fleisch und steckte den blutigen Klumpen dem Kleinen in den aufgesperrten Schnabel.

Die beiden Jungen wußten nun, daß ein Lebewesen am Horst war, und natürlich hielten sie es, blind wie sie waren, für die Eltern. Sie hatten auch noch keinerlei Richtungssinn. Das Große reckte sich gierig in alle Himmelsrichtungen, auf der Suche nach dem Lebewesen. Das Kleine drehte nur den Kopf mit aufgesperrtem Schnabel nach allen Seiten.

Ein metallisch hartes, warnendes Glak! Glak! kam aus der Luft. Lorenz blickte nach oben. Regen fuhr ihm in die Augen und verschleierte für Augenblicke das Bild der dicht beieinander kreisenden Raubvögel. Sie waren beunruhigt. Aber sie griffen nicht an.

Lorenz nahm die Laborwaage aus dem Rucksack. Verkrampft hielt er sie in seiner verkrüppelten Hand. Er hatte Angst, die Waage könnte ihm entgleiten und in die Tiefe fallen. Dann wäre sein Besuch am Horst umsonst gewesen. Er setzte die Waage zwischen den beiden Dunenjungen ab und drehte am Schräubchen, bis schwarzer und roter Zeiger einander deckten.

Nun begann die schwierigste Aufgabe. Mit beiden Händen faßte der Junge das größere Tier an und hob es hoch. Der kleine, piepsende Adler fühlte sich warm an. Sein Kopf war nach oben gereckt, das Schnäbelchen aufgesperrt. Er glaubte, seine Mutter sei da, und erwartete den Futterklumpen. Lorenz fühlte und tastete das quellende Bäuchlein, die Stränge der Eingeweide darin, die feinen Knochen. Er setzte das Tier in die Polsterschale der Waage und las das Gewicht ab. Als er den Vogel aus der Waage in den Horst zurücklegte, wurde dessen Gezeter noch protestierender. Er fühlte sich schrecklich enttäuscht, hatte die Eltern gespürt und doch nichts zu fressen bekommen! Lorenz nahm nun das kleinere auf und wog es ebenfalls und setzte es zurück. Das Kleine verhielt sich bescheidener. Wieder wand und wand es nur das Köpflein, sein Schnabel ging auf und zu und auf und zu.

Lorenz hatte sich die beiden Meßzahlen gemerkt. Eines der Tiere wog 122 Gramm, das andere nur 88 Gramm. Er steckte die Waage in den Rucksack zurück. Im Horst fand er einen

Rest blutig-sehnigen Fleisches. Er formte ihn zu einem Klumpen und steckte ihn dem Kleinen in den Schnabel. Mit schleifendem Hosenboden rutschte er vom Horst weg, stieg am gespannten Seil ab und querte den Hang waagerecht, bis das Seil über ihm gerade anstieg. Als er sich hinaufzog, fühlte er Jubel in sich. Glücklich sank er ins nasse Gras, atmete den würzigen Duft der feuchten Erde. Dann stemmte er sich auf die Knie und löste das Seil von der gekrümmten Kiefer und weiter oben von dem Felsblock.

Schon nahte die Dämmerung, als er an der Ornithologenhütte anlangte. Im funzeligen Licht der Petroleumlampe verstaute er rasch das Gerät. Dann blies er die Lampe aus, verließ die Hütte, ließ den schweren Bartschlüssel durchs rostige Schloß schnellen und legte ihn oben unter der Dachrinne auf den Balken. Dann stieg er wieder den steilen Bergwald hinauf. Nicht weit entfernt polterte ein Reh los und flüchtete erschreckt. Als er oben an der Kuppe anlangte, war der Himmel braun, von der nahenden Nacht verfärbt. Das Piepsen hatte aufgehört. Es war kein kreisender Steinadler mehr zu sehen. Nur der Regen kam unablässig herab, ohne müde zu werden.

Zum erstenmal in seinem Leben hatte Lorenz eine wissenschaftliche Aufgabe gelöst. Und er hatte sie nicht schlechter ausgeführt, als irgendein anderer sie hätte ausführen können. Selbst der große Ingo hätte es kaum besser machen können. Und es war sehr wichtig, das Schlüpfgewicht zu kennen. Das ahnte der Junge, und später sollte sich herausstellen, daß er damit recht hatte.

Nun war Schlafenszeit für die Tiere, wenn auch nicht für Eulen und Käuze oder für Fledermäuse. Ermattet und entkräftet stolperte Lorenz den Hang hinunter. Doch ebenso triumphierend und beseelt strebte er den beiden warmen gelben Rechtecken zu, die die beiden Fenster der Madlener Hütte in der regnerischen Dunkelheit bildeten.

Bernadette hatte ihn schon lange erwartet. Als er über die Schwelle auf die Dielen der Wohnküche trat, sah sie auf einen Blick, daß er durchnäßt und verfroren war. Ihre grünlichen Augen musterten ihn erst tadelnd, dann besorgt.

„Wo kommst du her?" fragte sie.

„Vom Horst. Ich habe die Jungadler vermessen."

„Womit vermessen?"

„Ich war in Ingos Hütte und habe das Seil und die Waage mit auf den Berg genommen und habe die Tiere im Horst gewogen und dann das Gerät zurückgeschafft."

„Du warst also am Horst?"

„Ja."

„Und das alles an einem Nachmittag?"

„Ja."

„Habe ich dir nicht gesagt, daß du dich auf dem Berg diszipliniert verhalten mußt?"

„Ja."

„Und war dein Verhalten diszipliniert?"

„Nein." Lorenz wurde rot. „Nicht ganz."

„Du gehst sofort ins Bett. Und du bekommst auch nichts mehr zu essen. Hast du verstanden?"

Lorenz nickte. Er versuchte, sich zwischen ihr und der kupfernen Herdstange vorbeizumogeln.

„Du bleibst hier!" sagte sie streng. Wieder musterte sie ihn, erst erzürnt, dann besorgt. „Du hast sie wirklich gewogen?"

„Ja."

„Es sind also zwei?"

„Ja, Bernadette! Es sind zwei!"

„Und ohne Erlaubnis bist du zum Horst! Du hättest abstürzen können und könntest jetzt tot sein! Ist dir das klar?"

„Ja, Bernadette."

„Wirst du dich in Zukunft noch einmal so undiszipliniert verhalten?"

„Nein, Bernadette."

„Gut, dann zieh dich oben aus und nimm dieses Handtuch hier, um dich abzutrocknen. Du ziehst trockene Sachen und deinen zweiten Pullover an. Dann kommst du zum Essen herunter!"

Als Lorenz eine Viertelstunde später umgezogen wieder in die Wohnküche trat, hatte sie bereits per Schaukelpost Bescheid gegeben, daß die Jungen schon gewogen waren. So brauchte Ingo nicht unbedingt sofort zu kommen. Sie hatte auch Zitronen ausgepreßt und mit viel Zucker und mit heißem

Wasser vermengt und dem Jungen vorgesetzt, und sie hatte ihm drei Pfannkuchen mit Honig gemacht. Die ganze Zeit über hatte sie ihn voll Sorge gemustert. Doch als er dann bis zum Hals zugedeckt im Bett lag und es sich herausgestellt hatte, daß er ohne Fieber war, da strich sie ihm verzeihend über die Wangen.

„Also, wieviel wiegen sie?" erkundigte sie sich.

„Das eine hundertzweiundzwanzig, das andere nur achtundachtzig."

„Das Kleine wird nicht überleben, Lenzi. So hat die Natur es leider eingerichtet. Du wirst darüber nicht traurig sein?"

„Nein."

„Ganz gewiß nicht?"

„Nein."

„Und du wirst einen solchen Unfug nie wieder machen?"

„Nein."

„Du weißt, daß du hättest abstürzen können. In Zukunft wirst du keine Geheimnisse mehr vor mir haben und mir deine Pläne mitteilen, ja?"

„Ja, Bernadette."

„Gut. Dann habe ich dir jetzt verziehen. Nun schlafe schön, mein Junge." Sie beugte sich über ihn, und als sie seine Stirn küßte, roch er die nach Erdbeeren duftende Seife, die sie verwendete.

Er hörte sie langsam die Stiege hinabgehen. Jetzt war das schlechte Gewissen ganz weg, und es war viel Platz für das Glück da. Noch lange hatte Lorenz das Bild der beiden Adlerjungen vor Augen. Dann aber schläferte ihn der stetig rauschende Regen und das aus der Dachtraufe in den Bottich platschende Wasser ein.

Sorge um die Adlerjungen

Die ganze Woche lang stieg Lorenz täglich nach dem Frühstück zur Plattform hinauf und sah durchs Fernglas hinüber, wo der Horst wie eine kleine Festung den dunklen Spalt der Felshöhlung unterbrach. Wenn sie im Aufsetzen die Krallen in den Horstrand schlugen, verdeckten die Adlereltern das Nest mit ihren gespreizten Flügeln. Dann wieder sah der Junge das hochzuckende Köpflein des Jungtiers und den weit geöffneten Schnabel. Solange das Elterntier fütterte, war Stille am Horst. Doch das Piepsen wurde schrill und flehend und sogar zornig, kaum daß der Vater oder die Mutter sich entfernt hatte.

Freitagnachmittag stand Ingo in der Tür. Er wirkte fröhlich und guter Dinge. Nachdem er Lorenz begrüßt hatte, reichten er und Bernadette sich die Hand. Sie lösten aber ihre Hände nicht so rasch, wie es beim Guten-Tag-Sagen üblich ist. Noch angestrengt vom Aufstieg sank Ingo mit erhitztem Kopf und schwer atmend auf die Bank nieder. Lange und prüfend sah er den Jungen an.

„Also nie wieder", sagte er. „Ja?"

„Ja", antwortete Lorenz. „Ich habe es Bernadette schon versprochen."

„Der Schutzengel ist nicht immer dabei", sagte Ingo ernst. Der Junge nickte.

„Der Große hat ein respektables Gewicht", fuhr Ingo fort. „Das Kleine", er verzog sein breites Gesicht zu einem Ausdruck des Bedauerns, „vielleicht ist es bereits tot. Aber das Gewicht des Großen ist sehr ermutigend."

„Und er schreit, als stünde das ganze Gebirge in Flammen", sagte Lorenz.

„Das ist gut. Das stärkt die Lunge. Er soll nur fordern und die Eltern in Trab halten."

„Meist ist Roswitha im oder am Horst. Und Fritz bringt fleißig Nahrung. Ich habe Aufzeichnungen darüber gemacht."

„Das ist sehr gut."

„Morgens und gegen Abend nimmt Roswitha ihre Brut unter die Fittiche. Sie setzt die Flügel etwas ab, damit es warm darunter ist."

„Man nennt es hudern", sagte Ingo. „Das Kleine hast du von der Plattform aus nicht gesehen?"

„Nein."

„Auch nicht piepsen hören?"

„Ich weiß nicht. Ich glaube nicht."

„Hilf Gott, daß wenigstens der eine ausfliegt. Kot und Federbüschel waren ohne Pestizide. Wahrscheinlich arbeiten die Bauern unten in den Tälern nicht mehr so viel mit Dünge- und Schädlingsbekämpfungsmitteln."

Noch vor Sonnenaufgang stiegen sie am nächsten Morgen gemeinsam den Berg hinauf und durch die Latschen zur Plattform hinab. Ingo wollte an diesem Tage erfahren, um welche Uhrzeit die Steinadler zum ersten Mal zur Jagd gehen, wann sie zum erstenmal mit Beute den Horst anfliegen und wann das Junge zum allererstenmal piepsen würde.

Der Boden war gefroren, die braune Erde und das weiche Frühlingsgras noch mit einem Eisfilm überzogen. Dieses Eis begann bereits zu schmelzen, und so war der Boden schlüpfrig. Der Berg war so glatt, daß man am besten mit Schlittschuhen zwischen den Latschen hindurchgekurvt wäre. Noch war die Senke voll rätselhafter Düsterheit und Stille. Die Tannen und Kiefern dort unten sahen schwarz aus, nur die einsame, vom Blitz strapazierte Kiefer hob sich in ihrer unteren Hälfte vor dem Dunst des Tals und oben vor dem noch nächtlichblauen Himmel ab. Die Schneehänge im Osten schimmerten bereits silbrig. Die Luft war rein und würzig.

Das polternde Geräusch eines herabfallenden Tannenzapfens auf den Waldboden weckte gleichzeitig eine Menge Vögel. Sie zwitscherten, als ginge es um einen Sängerpreis. Weit entfernt war ein leises Dröhnen zu hören, und schon sahen sie auch die blinkenden Flügelendleuchten eines Flugzeugs, das auf dem Weg in den Süden war.

Ingo meinte, es säßen Mallorcaurlauber darin. „Warst du schon mal am Meer?" erkundigte er sich.

„Ja, an der Adria, in Cesenatico, in einem Heim", antwortete Lorenz. „Wir mußten gelbe Mützen tragen, damit alle wußten, daß wir zum Heim gehörten, für den Fall, daß wir uns verirrten. Sie hatten schrecklich viel Angst, daß sich einer von uns verirren könnte. Aber am Strand gab es für jeden von uns einen Liegestuhl. Ein Conterganmädchen hatte Arme nur bis zum Ellenbogen, aber es schwamm besser als viele von den gesunden Erwachsenen."

„Auf dem Rücken?"

„Ja. Aber sie konnte auch auf dem Bauch schwimmen. Alle behinderten Kinder konnten schwimmen, ohne Ausnahme.

Das Mädchen ohne Unterarme sprang sogar mit dem Kopf voraus von dem vier Meter hohen Gerüst, das dort im Meer stand. Nur wenige sonst hatten den Mut dazu."

Das Gezeter der Vögel ging inzwischen rund herum um die ganze Senke. Genau um halb sechs stieg aus der Kiefer etwas gewaltiges Schwarzes auf, wurde gigantisch groß und verschwand in Richtung zum Tal hinab. Wenig später vernahm man vom Horst her das Scharren und Schürfen von Greifenflügeln über Fels, dann wuchtiges Luftschlagen. Auch dieser Vogel entfaltete sich schreckerregend groß und schwarz, als er über die beiden Beobachter hinweg zum Tal hinüberstrich, das unterhalb der Madlener Hütte lag. Die erste Jagd führten sie also getrennt in verschiedenen Tälern durch.

Und sofort kam von drüben das Wimmern und Piepsen. Die ganze Welt wurde aufgerührt von diesem Klagelied. Es war ein mitleiderregendes Jiiii-jak! Jiiii-jak! Um neun Uhr zerspliß drüben im Osten die Sonne an einer Felszacke. Aller Schnee rundherum auf den Gipfeln war weiß, ganz hellblau oder goldfarben. Je zweimal hatten Roswitha und Fritz den Horst bereits angeflogen. Einmal waren die Jungen 25 Minuten lang allein gewesen. Mit ruckenden Köpfen zerrupften die Adlereltern im oder neben dem Horst die Beute. Und um dem fütternden Schnabel des Erwachsenen näher zu kommen, reckte das Adlerjunge den Kopf höher und höher über den Horstrand.

Eine Stunde später wanderten Ingo und Lorenz zum Horstfelsen hinüber, weil die Brut ein zweites Mal gewogen werden sollte. Da deutete Ingo weit hinüber auf den steilen, pflanzendurchsetzten Felshang, der sich vom Geröllfeld aus weiter bis zum Tal hinab erstreckte. Der Junge hätte die Gemsen dort oben nie selbst entdeckt, so winzig sahen sie auf die große Entfernung aus. Dann nahm er deutlich wahr, wie eine der Gemsen an einem Schneefleck abrutschte und nach einem weiten Sprung sehr viel tiefer landete. Der Schall brachte erst Sekunden später das nagelnde Aufschlagen der Hufe im Fels. Dann sah Lorenz die anderen Gemsen. Es waren sechs Alttiere und zwei Kitze.

Um diese Zeit saß das Adlermännchen im Hohen Horst. Es flatterte jetzt auf, sank im Gleitflug ab, verlor an Höhe, strich wie der dunkle Schatten eines Flugzeugs tief unten am Hang entlang, tiefer und tiefer dem Talausgang zu, und weit entfernt gewann es ohne einen einzigen Ruderschlag an Höhe, zog weiter und weiter hinauf, bis es sehr hoch oben und sehr weit entfernt war. Nach einem Halbkreis kam das Männchen, aus der Höhe herabsegelnd, schwankend und damit Windböen auskorrigierend, zurück. Ohne einen einzigen Schlag seiner Flügel war der Steinadler drei Kilometer weit geflogen.

Die Gemsen drängten sich arglos an grünen Flecken von Pflanzenwuchs, verweilten und zogen weiter. Ein Bock führte sie an. Der Bock ging mit kurzen Sprüngen aus der Gruppe heraus, verhielt, und die Gruppe folgte ihm, bis sie wieder geschlossen war. So zogen sie immer näher heran. Ingo beobachtete sie mit bloßem Auge, Lorenz durchs Fernglas. Deutlich sah er die gerade abstehenden Hörner, die an ihren Enden rückwärts gebogen waren. Fritz kreiste hoch über ihnen.

Dann mußten die Gemsen einen Grat überwinden, an einem engen Wechsel, der die Gruppe auseinanderzog. Die beiden Kitze waren jetzt zwischen den Großtieren ungeschützt. Darauf hatte der Raubvogel gewartet, der ein geübter und umsichtiger Jäger war. Er paarte Geduld mit kühler Berechnung;

das Harren auf die bessere Gelegenheit gehörte zur Kunst des Beuteschlagens.

Jetzt stieß er von oben herab und flog eines der Kitze an. Er versuchte, es im ersten Anflug zu schlagen oder aus der Herde herauszuhetzen und in den Abgrund zu stürzen. Pfeilgeschwind kam er nieder, stellte die Schwingen gegen den Flugwind und setzte heftig flatternd um die Hinterläufe des Muttertieres herum, unter das das Kitz sich geflüchtet hatte. Er stieß sogar zwischen den Beinen der Geiß nach, bis diese wütend mit gesenktem Kopf und den Krickeln nach ihm stieß.

Erst jetzt segelte der Greif ab und sank ins Tal nieder. Man hörte verwehtes Pfeifen von der Wand herüber. Zwei Geißen und ein Kitz flüchteten mit weiten Sätzen hangabwärts. Der Steinadler war in steilem Bogen aufgestiegen. Er flog das Kitz erneut an. Die Geiß erwartete ihn. Durchs Glas sah Lorenz, wie sie mit den Hufen aufstampfte, und er hörte ihr warnendes, erregtes Pfeifen. Das Kleine war ganz unter ihr.

Als der Raubvogel klein und geschwind herabkam und plötzlich um so vieles gewaltiger wirkte, nachdem er im Bremsen seine Flügel ausschob, schlug die Geiß mit dem Vorderhuf nach ihm. Jetzt kam er überhaupt nicht mehr an das Kitz heran. Auch der Überraschungseffekt war längst weg. Er entfernte sich segelnd vom Hang. Und von drüben hörte man das Aufknallen von Hufen und das Abkullern und Rieseln von Steinen, als die Gemsen sich wieder zusammenschlossen.

„Das Jagen ist doch ein hartes Geschäft", sagte Ingo. „Nicht nur die Jagdinstinkte, auch die Schutz- und Verteidigungsinstinkte sind geschärft. Und die bedrohten Tiere wissen, wie sie seinen Angriffen zu begegnen haben. Nicht überall stößt der Raubvogel auf gebratene Hühnchen."

Neben dem Horstfelsen hatte Ingo in einem Plastiksack das Klettergerät abgelegt. Er nahm den Sack hoch und löste die Kordel, mit der er zugebunden war. Er nahm das Seil heraus.

„Ist das nicht leichtsinnig, das Zeug so achtlos herumliegen zu lassen?" fragte Lorenz. „Was ist, wenn ein Dieb vorbeikommt?"

Ingo lachte belustigt auf. Seine weißen Zähne leuchteten im Sonnenschein. „Ich weiß", gab er zu. „Der letzte war vor tausend Jahren da. Ich sollte wirklich nicht so leichtsinnig sein."

Wieder legte er das Seil um den Fels und den Stamm der Krüppelkiefer. Die Gürteltasche umgegurtet, stieg er ab.

Glijak! Glijak! Glijak! kam es sofort metallisch hart und böse aus dem Himmel. Als Gestein unter Ingos Schuhen aus der Wand brach und in einer prasselnden Lawine in die Senke hinabstürzte, flog Roswitha vom Horst auf und zur Kiefer hinüber. Ingo verschwand aus Lorenz' Sicht. Doch der Junge sah, wie das erst senkrecht gespannte Seil sich seitwärts verzog, als der Mann zum Horst hinüberquerte. Piiijaaah! Piiijah! schrie das Kleine zornig um Nahrung fordernd.

Dann hörte der Junge den Mann am Seil rufen: „Das Kleine lebt noch!"

Minuten darauf kam Ingo schwitzend heraufgeklettert. Er entfernte das Seil von Hüfte und Schenkeln. „Es lebt", wiederholte er. „Aber wie es lebt, kann einen erbarmen."

„Wieso?" fragte der Junge.

Ingo wickelte das Seil über den Ellenbogen auf. „Es ist einfach nicht viel los damit. Es kauert ganz hinten, wo der Horst in der Felsspalte finster ist."

„Nicht mehr auf dem Wollfäustling?"

„Nein. Aber vielleicht hat ihm sein Verkriechen bisher das Leben gerettet. Es ist nur gut für ihn, wenn er dem großen Bruder möglichst lang aus dem Wege geht."

„Wieviel wiegt der große?"

„Genau ein halbes Pfund!"

„Sollten wir das Kleine nicht aus dem Horst nehmen und in der Hütte aufziehen, Ingo?"

„Nein. Adler in Gefangenschaft — das überlassen wir den Zoos. Dafür sind sie da. Zoos sind zwar äußerst wichtige Einrichtungen. Dem Großen aber müssen wir gerade jetzt alle Chancen einräumen. Er braucht die Auseinandersetzung mit dem Bruder. Er muß mit ihm kämpfen, die Gewandtheit seiner

Krallen und Läufe und seines Schnabelhiebs üben. Auch wenn er den Kleinen schließlich besiegt und ihn kröpft. Es ist seine erste lebenswichtige Erfahrung des Tötens. Erst das macht ihn selbstbewußt und stark genug."

„Und die Eltern sehen tatenlos zu, wenn eines ihrer Kinder das andere umbringt?"

„Ja. Völlig tatenlos. So hat die Natur es eingerichtet."

Wieder saßen sie um Bernadettes alten Ahorntisch. Die Eckbank war aus rötlichem Lärchenholz geschreinert. Auf Lorenz' frischgestriegeltem schwarzen Haar spiegelte sich der Widerschein der Bastlampe, so dicht und kräftig war es. Das knochige, glatthäutige Gesicht war von der Frühlingssonne gebräunt. Unter den langen, aufwärtsgebogenen Wimpern sahen seine graublauen Augen versonnen auf das Mensch-ärgere-dich-nicht-Spielbrett, das die Mitte des Ahorntisches einnahm.

Lorenz gewann die erste Partie. Ingo stand auf, um eine Flasche Bier aus seinem „Kühlschrank" hereinzuholen. Mit „Kühlschrank" meinte er den alten, aufgeschobenen Schnee, der noch hinter der Hütte lag.

Als Ingo die Tür hinter sich geschlossen hatte, sagte Lorenz ganz schnell zu Bernadette: „Können wir's morgen nicht aus dem Horst holen?"

Sie sah ihn verdutzt an. Ihre hohe Stirn furchte sich. Als sie wußte, worauf er hinauswollte, erwiderte sie: „Auf gar keinen Fall!"

„Aber wenn es sowieso getötet wird."

„Es muß so sein, Lorenz. Ingo hat es dir doch erklärt. Willst du denn der Natur Vorschriften machen?"

„Nein. Aber wenn es ohnehin tot sein wird, kann ich es doch ein paar Stunden vorher herausnehmen und pflegen und großziehen."

„Das kannst du nicht!" sagte sie streng. „Das Tier bleibt im Horst! Wir werden nicht in etwas eingreifen, was natürlich ist! Und ich erinnere dich an dein Versprechen: es gibt keine Heimlichkeiten mehr!"

Der Junge nagte an der Unterlippe.

„Hast du verstanden?"

„Ja."

„Ich wäre sehr enttäuscht von dir!"

„Das wirst du nicht sein. Ich halte mich an mein Versprechen."

Die folgende Partie ging Lorenz irgendwie erleichtert an. Daß auch Bernadette den Tod des Kleinen als etwas Natürliches hinnahm, überzeugte ihn schließlich doch.

Lorenz gewann auch diese Partie, und Bernadette und er ordneten Männchen, Würfel und Spielbrett in die Schachtel ein. Nun sprachen sie über den Ausbau der Hütte. Ingo und Lorenz machten Bernadette Vorschläge bei der Auswahl der Teppiche, der Möbel und der Wäsche. Sie hatte einen Stapel Kataloge da. Jetzt setzte sie auf einem karierten Block die Preise der ausgesuchten Waren untereinander und addierte sie.

„Mehr als elftausend Mark!" seufzte sie. „Ich muß noch ein paar Sachen streichen. Aber ich kann die Gäste ja nicht gut auf dem blanken Roßhaar schlafen lassen."

„Wieviel Geld hast du?" erkundigte Lorenz sich.

„Knapp achttausend Mark auf dem Sparbuch."

„Ich habe auch ein Sparbuch. Aber ich komme an das Geld leider erst ran, wenn ich achtzehn bin. Es sind mehr als achthundert Mark drauf."

„Ach, Lenzi", sagte sie und legte ihm die Hand auf die Schulter.

In diesem Augenblick dengelte oben in der Tenne das Signal für die Schaukelpost. Bernadette sprang auf, rannte nach oben, und man hörte, wie sie die Luke aufstieß, und das Scharren der Kiste, als sie vor- und hinausgeschoben wurde.

Zweiunddreißig Minuten später stieß die Kiste oben krachend gegen den Tennenboden und dumpf gegen den Gummipuffer. Bernadette ging wieder hinauf und kam gleich darauf, in einem Schreiben lesend, die Treppe herab. Vor dem Tisch blieb sie stehen und las immer noch. Dann gab sie das Papier Ingo, dessen Blick besorgt über die Zeilen flog.

„Genau darauf habe ich gewartet", sagte er. „Vor drei Jahren war es der Hubschrauber, und jetzt das."

„Was ist los?" fragte Lorenz.

„Übermorgen kommen zwei Regimenter Gebirgsjäger zu einer Truppenübung herauf", antwortete Ingo.

„Ist das so schlimm?"

„Schlimm? Es ist entsetzlich. Sie kommen ja nicht zum Wandern herauf, sondern mit Gewehren, Handgranaten und Kanonen!"

Kopfschüttelnd saß er am Tisch. Er grübelte lange. Dann sagte er: „Ich muß es versuchen. Ich muß morgen früh hinunter und mit dem Kommandeur reden."

Raketen und Kanonen in den Bergen?

Wieder hatte Lorenz den Berg für sich allein. In der wärmenden Vormittagssonne saß er auf dem Falthocker, das Ringbuch auf dem Schoß, und trug die Horstanflüge ein. Einmal stopften Fritz und Roswitha innerhalb einer Viertelstunde 76 Fleischstücke in das Junge hinein. Auch das trug Lorenz ein. Ebenso, daß der Horst für eine Stunde und 24 Minuten allein gelassen wurde.

Am Himmel waren Wolken, die stattliche Schatten bedächtig über die Landschaft schoben. Die Sicht war klar. Das Adlermännchen versuchte am Geröllfeld in einen Murmeltierbau einzudringen, brachte den Kopf jedoch nicht weit genug hinein.

Solche kleinen Enttäuschungen gehörten ganz sicher zu seinem Leben dazu. Sie versuchten alles zu jagen, was sich bewegte, probierten es wenigstens einmal aus. Lorenz dachte an das elektrisch betriebene Mondfahrzeug, das er im Heim hatte. Was, wenn er dieses mit seinen hohen Speichen über die Senke rumpeln ließ? Wie die beiden Greife sich wohl verhalten würden?

Gegen Mittag kamen zwei andere Adler zu Besuch, ganz augenscheinlich ebenfalls Steinadler. Als sie hoch oben am Himmel kreisten, gellte Roswithas Gliiiii-jak! Gliiiii-jak! los.

Fritz kam aus dem Tal herauf und gesellte sich zu den beiden Gästen. Sie teilten sich den Himmel zu dritt, und mit den Wolken und der Sonne. Die Raubvögel kreisten vor den Wolken und segelten ins Blaue hinein und ließen den Frühlingssonnenschein auf ihrem Gefieder schimmern. Es kam nicht zu dem blutigen Gemetzel, das Lorenz befürchtet hatte; im Gegenteil kreisten die Steinadler friedlich miteinander, zusammen zogen sie Schleifen und Achter, so feingezirkelt wie Schlittschuhläufer ihre Pflichtfiguren. Sie flogen ineinander und strebten voneinander fort. Doch bei allem schloß sich das fremde Paar mehr zusammen. Man merkte, daß Fritz dort oben doch der Einzelflieger war.

Nun flatterte jedoch auch die große, schwere Roswitha vom Horst auf. Sie segelte zur Senke, in deren Mittelpunkt, wo der größte Aufwind herrschte. Von ihm ließ sie sich hochtragen, in weiten Kreisen. Jetzt waren beide Paare am Himmel. Sie führten Flugspiele aus. In Sturzflügen schossen sie herab, schnellten sich auf den Rücken, ließen sich im Fallen überrollen, verkrallten sich spielerisch ineinander und stiegen wieder auf.

Roswitha sank im Girlandenflug ab, torkelnd und taumelnd, als wäre sie trunken, dann fing sie sich wieder und stieg hoch, und einer der fremden Steinadler ließ sich in derselben Weise abtrudeln und stieg ebenfalls wieder hoch. Der wuchtigere der beiden Gäste sank bis zum Erdboden hinab, und als er wieder hochstieg, hatte er eine Maus in den Fängen. Er ließ sie fallen, und Roswitha stieß hinterher und fing sie und trug sie hoch.

Dann kreiste sie mit dem Beutetier in den Fängen, und die anderen drei folgten ihr und attackierten sie. Da ließ sie die Maus fallen, und Fritz fing sie und warf sie einem der fremden Greife zu. So ging es eine Weile weiter.

Fieberhaft machte Lorenz Aufzeichnungen über dieses seltene Schauspiel. Die Besucher blieben genau 25 Minuten lang. Dann segelten sie nordwärts ab, die langen breiten Flügel über Kopf und Rumpf gezogen und leicht geknickt, mit aufwärts gebogenen Handschwingenenden, im herrlichen Flugbild, das allen Adlern eigen ist.

Es war verwirrend schön gewesen. Lediglich das Dunenjunge im Horst hatte für die Flugspiele kein Verständnis gehabt. Aufgebracht und erbost zeterte es nach den Eltern.

Lorenz dachte, daß er dies alles nie in seinem Leben würde vergessen können. Englischvokabeln und Chemieformeln in der Schule mußte man sich merken, um sie nicht zu vergessen. Doch nichts, was man mit diesen Raubvögeln erlebte, brauchte man sich einzuprägen. Jede Einzelheit würde unvergeßlich bleiben.

Am späten Nachmittag hörte Lorenz das Knistern trockenen Reisigs und Ingos Schritte, als er aus den Latschen auf die Plattform trat.

„Du frierst doch", sagte Ingo sofort. „Weshalb warst du mittags nicht bei Bernadette?"

„Es gab soviel zu sehen und aufzuschreiben", antwortete Lorenz. Er schilderte Ingo den Besuch der fremden Adler, und Ingo bestätigte, daß es Steinadler gewesen waren. Er hatte sie von unten im Tal in Richtung Norden abstreichen sehen.

Lorenz richtete sich auf, kam aber nicht richtig aus den Knien heraus, so steif waren seine Beine. Erst nach einigen Turnübungen streckten sich die Muskeln und Sehnen, und er stand aufrecht da. Er fror wirklich, vor allem, als jetzt eine behäbige Wolke sich vor die tiefstehende Sonne schob. Es kam auch Wind auf. Lorenz zog die Schultern zusammen.

„Junge", sagte Ingo tadelnd, „du darfst dich nicht so der Kälte aussetzen. Bernadette und ich haben wirklich Sorgen mit dir."

„Nicht mehr, wenn ich in Kiel bin."

„Das ist eine törichte Antwort." Der große, breitschultrige Freund nahm Lorenz' kleine verkrüppelte Hand, deren Fingerchen steif und kalt und klamm waren und wärmte sie in seiner vom Aufsteigen erhitzten Hand. Er nahm auch die andere Hand des Jungen und wärmte sie. „Warum hast du keine Handschuhe an?" fragte er.

„Weil ich soviel geschrieben habe. Ich habe das halbe Ringbuch vollgeschrieben."

„Also gehen wir", sagte Ingo. Mit Lorenz gemeinsam verstaute er Stativ und Hocker im Plastiksack und schob den Sack unter die Latschen. „Falls der Dieb kommt", sagte er schmunzelnd.

Sie stiegen nach oben, der Kuppe zu. Ingo legte den Arm um den Jungen, und dieser fühlte sich geborgen. „Machen sie die Schlacht morgen?" fragte er.

„Du meinst die Truppenübung? Nun, ich habe gebettelt und gebettelt, daß sie es nicht tun", antwortete der Ornithologe. „Wieder und wieder habe ich dem Oberst die Situation klargelegt."

„Und was hat er geantwortet?"

„Nichts. Fast nichts. Er hat nur gelächelt. Immer nur gelächelt. ‚Sollen wir das Manöver auf dem Eibsee veranstalten?' hat er höhnisch gefragt. ‚Wir haben die Übung seit Monaten geplant. Wo es um Krieg geht, muß jeder Schritt sorgfältig geplant sein. Napoleon hätte die Schlacht bei Austerlitz auch nicht vermieden, nur weil dort ein wildes Vögelchen im Begriff war, flügge zu werden. Zuviel verlangt, mein Lieber!' Ich fragte ihn, ob sie auch schießen wollten. Und da antwortete er mir: ‚Glauben Sie, wir kommen zum Picknicken hoch? Natürlich schießen wir! Und wie wir schießen! Wir haben sogar Kanonen und kleine Raketen dabei! Die Berge stehen über eine Milliarde Jahre, doch so ein Feuerwerk wie das von morgen haben sie gewiß noch nie erlebt! Allein die Echos aus den umliegenden Massiven werden ein Vergnügen sein!'"

„Wie sah der Oberst aus?"

„Er war stattlich und groß, und etwas feist im Gesicht. Und sehr selbstherrlich. Ich glaube nicht, daß er sich seine Schlacht wird wegnehmen lassen."

„Und du hast ihm die Sache mit den bedrohten Steinadlern in allen Einzelheiten geschildert und nichts ausgelassen?"

„Nein. Ich habe ihm sogar von dir berichtet."

„Er wird auf die Schlacht verzichten, wenn er ein Erwachsener ist."

„Glaubst du wirklich?"

„Ja. Ich sehe den Oberst vor mir, und ich weiß, daß er die Soldaten morgen nicht heraufschicken wird. Wann wollten sie auf den Berg kommen?"

„Schon früh, um neun Uhr."

„Dann steigen wir hinauf und schauen, ob sie kommen, ja?"

„Einverstanden."

Am nächsten Tag kamen die beiden Regimenter Gebirgsjäger nicht und auch nicht am darauffolgenden Tag. Damit hatte Lorenz recht behalten, als er meinte, der Oberst werde sich wie ein Erwachsener verhalten.

Ingo Brenner verzichtete darauf, die Jungen ein weiteres Mal zu wiegen, und auch darauf, sie zu beringen. Das Risiko war ihm zu groß. Er schilderte einen Fall, wo Adlereltern ihr Junges aus dem Horst trugen, weil Menschen sich dem Horst genähert hatten. Sie schleppten das Junge in einen ihrer Nachbarhorste, und man hat nie erfahren, ob es durchgekommen ist. Es war eine Gruppe von sechs Bergwanderern gewesen, jeder zweite mit einem Fotoapparat. Sie gingen laut und lärmend viel zu nahe an den Horst heran.

„Ich fürchte einfach das Risiko", erläuterte Ingo seinen Entschluß. Und er erzählte dem Jungen noch so manches über die seltenen Greife. Daß die Adlerjungen bis zur dritten

Woche ihr Gewicht von Woche zu Woche verdoppeln. Wenn sie vier Wochen alt sind, wiegen sie ein Kilo und nehmen dann weniger schnell an Gewicht zu. Er erzählte auch, daß sie nach einer Woche ihr zweites Dunenkleid bekommen, das dann für zwei Wochen den ganzen Vogel bedeckt. Nach acht Tagen brechen die kräftigen Handschwingen durch. Nach acht Wochen werden die Nestdunen durch Pelzdunen ersetzt. Und nach fünfzehn Wochen ist die Befiederung abgeschlossen.

„Doch sie mausern noch einmal", sagte er. „Vom März des folgenden Jahres bis in den September hinein verliert der Jungadler fast alle seine Federn, und sie werden durch neue ersetzt."

„Hat man gezählt, wie viele es sind, die er insgesamt wechselt?"

„Ja, selbst das weiß man", antwortete Ingo. „Bei der zweiten großen Mauser wechselt der Vogel etwa zweitausendsechshundert Federn. Und erst im dritten Lebensjahr ist die Mauser vollständig abgeschlossen."

Am letzten Tag der Osterferien stieg Bernadette mit dem Jungen nach dem Mittagessen noch einmal den Berg hinauf. Regenschwaden wurden von heftigem Wind vor dem Kasperer Joch dahingetrieben, eisig trafen die winzigen Tropfen ins Gesicht und riefen die Sehnsucht nach der behaglich beheizten Hüttenstube hervor. Die Kälte ließ ermessen, wie großartig ein Ofen sein kann, in dem ein lustiges Feuer prasselt.

Der größere Jungvogel im Horst piepste nun nicht mehr — seine Stimme hatte etwas unerbittlich Forderndes bekommen; sie gellte den Eltern noch schriller in den Ohren als bisher. Er schien ständig gereizt und schrie andauernd Tiiiii-juk! Tiiiii-juk! Eine ganze Stunde und länger, womöglich eine ganze Woche lang konnte er unablässig so krakeelen. Er war so frech, daß er auf den Horstrand hinaufzuklettern suchte. Wieder und wieder bemühte sich der junge Greif, dort nach oben zu kommen; doch meist rutschte er auf dem Bauch wieder in die Horstmulde zurück. War er aber doch mal nach oben gelangt, dann sah er weit mehr von der Welt als vorher: all die noch unbekannten Farben, zum Beispiel der Regentropfen, wenn sie herankamen und im Licht aufblitzten. Das Kleine konnte auch die Eltern beobachten, wenn sie heranglitten und dann wieder in eine schrecklich unbekannte Ferne dahinsegelten. Es sah die Rehe unten auf der Senke, auch die Menschen drüben unter den Latschen oder die kleinen Vögel, die im Wellenflug durch die Luft jagten.

Die Eltern kamen übrigens nicht nur, um ihn zu füttern. Sie suchten mit ihren kräftigen Schnäbeln auch nach dem Unrat im Horst und beseitigten ihn. Mit dem Unrat im Schnabel oder in den Fängen stießen sie sich vom Horst ab, segelten einen Kreis und ließen den Müll dabei auf die Senke hinabfallen. Für diese Art der „Müllabfuhr" interessierte sich der junge Greif ganz besonders. Bald schob er selbst Fleischstücke oder blutige Hautfetzen oder blutverklebtes Gefieder von Beutevögeln über den Horstrand und blickte mit der allergrößten Neugier hinterher, wie das Teil zu Boden schwebte.

Und wenn er dort oben saß, konnten die Menschen drüben auf der Plattform durchs Fernglas sehen, wie er sich zu putzen begann. Er hackte mit dem Schnabel im Gefieder herum und reinigte es. Daran fand er offenbar Gefallen, denn er widmete bald weniger Zeit dem gereizten Gezeter nach den Eltern als dem Putzen der Federn und Dunen.

Lorenz kostete diesen letzten Feriennachmittag voll aus. Ingo war zu ihnen gestoßen. Er stand hinter ihm und Bernadette, die auf dem zweiten Falthocker neben ihm saß. Regen rann über ihre hohe, glatte Stirn, verfing sich perlend in ihrem blonden Haar und auf dem durch die Nässe gedunkelten Grün des Kragens ihrer Windjacke. Von unten kam Nebel hoch, der die Landschaft verschleierte; das Kasperer Joch war fast ganz von tiefhängenden Wolken verdeckt. Der Junge spürte die Kälte an den Füßen, und auch seine Hände am kalten Fernglas waren klamm und steif. Aber er wollte diesen Nachmittag am Berg unbedingt bis zu seiner Neige erleben.

Und als Ingo schließlich vorschlug zu gehen, bat er: „Nur noch eine Viertelstunde, bitte."

„Diese Viertelstunde bleiben wir auch noch", entschied Bernadette.

Lorenz hatte inzwischen herausgefunden, daß sie sich von Ingo nicht allzuviel sagen ließ. Vor allem dann nicht, wenn es um ihn ging. Sie entschied, was Lorenz essen sollte, wann er ins Bett mußte und was er anziehen sollte. Und als sie jetzt die Viertelstunde zugab, war ihm klar, daß Ingo nicht die leiseste Chance besaß, dagegen ein Veto einzulegen.

Roswitha schwebte schwer und dunkel ein, schlug die Krallen um den Horstrand und schaukelte balancierend vor und zurück. Um die Nässe abzuschütteln, spreizte und schloß sie die mächtigen Flügel noch einmal. Und da zuckte ein heißer Blitz durch Lorenz hindurch! Er sah es wahrhaftig! Und er hörte es an Bernadettes kurzem Aufschrei, daß auch sie es durch ihr Glas gesehen hatte: Das zweite Junge hatte soeben Nahrung entgegengenommen! Schmächtig zwar, hatte es sich doch mit geweitetem Schnäblein kräftig gehoben, hatte einen

Fleischklumpen entgegengenommen und war in den Horst zurückgesunken.

Lorenz und die junge Frau fielen einander um den Hals. Wange an Wange sahen sie zu, wie der Kleine ein zweites und ein drittes Mal sich aus dem Schnabel Roswithas die Nahrung holte!

„Nicht möglich", hörten sie Ingos tiefe Stimme. Er nahm Bernadettes Fernglas, und jetzt sahen er und Lorenz es gleichzeitig. Beide Junge waren also am Leben! Beide reckten die Hälse und spreizten die Schnäbel, um ein Stück Fleisch aus Roswithas Schnabel entgegenzunehmen.

Nun durfte Lorenz wenigstens hoffen, daß auch das Kleinere ausfliegen würde. Es war schon eine große Sache, wenn man wenigstens hoffen durfte; so zart und vage die Hoffnung auch war.

Als sie gemeinsam vom Berg abstiegen, gingen sie in den Nebel hinein, der von unterhalb heraufquoll und seine Schleier in den Wald hineintrieb, und der den Ehrgeiz hatte, ganz zu den Wolken hochzustoßen und die Berge zu verhüllen.

Ein Leben in Heimen

In Weilheim erhielt Lorenz nahezu täglich Post aus der Madlener Hütte. Man sah den schmalen, mit blutrotem Seidenpapier gefütterten Kuverts an, daß sie den ersten Teil ihrer Reise mit der Schaukelpost bergab getan hatten. Denn obwohl Bernadette sie gewiß in Plastikeinkaufstüten eingeschlagen hatte, war die Feuchtigkeit des Regens doch in die Tüten eingedrungen und vom Papier der Briefe aufgesogen worden. Die Briefe waren wellig, und, wo der Klebestreifen war, aufgebläht. Und einmal hatte Bernadette die Adresse in ihrer anmutigen und ordentlich gesetzten Schrift mit Tinte aufgetragen, und die Tinte war an mehreren Stellen verkleckst. Dann wußte Lorenz, daß es oben geregnet hatte, und er fühlte sich gleich auf den dunstverhangenen Berg versetzt.

Ingo schrieb ihm, daß der kleinere der Jungvögel ebenfalls zu piepsen begonnen hatte. Und daß der größere inzwischen selber Fleischstücke aus geschlagenem Wild herausriß. Und der Kampf zwischen den jungen Adlern um den Platz im Horst wurde heftiger . . .

„Sie werden manchmal bis zu zwei Stunden von ihren Eltern im Horst allein gelassen", schrieb Ingo. „Nach jedem Streit klettert das größere auf den erhobenen Teil des Horstes, und das kleine liegt unten." An die Seite des Briefes, wo sich noch Platz befand, von unten nach oben, hatte Bernadette hinzugefügt: „Sei getrost, mein Lieber, wie ich — der Kleine wird schon durchkommen!"

Dann kam Lorenz zum vorletzten Mal vor seiner Reise nach Kiel aus dem Dorf den Weg zur Madlener Hütte hinauf. Von weitem schon sah Bernadette ihn hochsteigen, leicht vorgebeugt, den Rucksack umgeschnallt, Schritt vor Schritt auf den steilen Weg setzend. Sie küßte ihn auf die heiße Stirn und schmeckte den Schweiß, als sie ihn in die Stube führte.

„Wie geht es dem Kleinen?" war seine allererste Frage.

„Er hält sich immer noch wacker", antwortete sie. Am kalten Herd goß sie Apfelsaft aus einer Literflasche in ein Glas und reichte es dem Jungen. Er trank es gierig leer.

Mit seiner gebräunten Gesichtshaut sah er hübsch aus. Das Weiß der Augen und der etwas auseinanderstehenden Zähne zwischen den rissigen Lippen war noch strahlender, in den graublauen Augen glitzerte das Licht der Sonnenstrahlen, die durch die beiden Fenster hereinfielen.

„Aber Ingo meint, es sei doch sehr klein", fuhr die Frau fort. „Es will nicht richtig wachsen. Er sagt, daß es, falls es wirklich flügge würde, der kleinste Steinadler sei, der je existiert habe. Er würde mit ihm herumreisen und ihn auf Jahrmärkten zeigen und eine Menge Geld mit ihm verdienen. Denn größer als eine Taube könnte er niemals werden, so wie er wächst."

„Blödsinn", sagte der Junge.

„Ich glaube auch, er hat mal wieder mächtig übertrieben", fügte sie hinzu.

Sie führte ihn die steile Stiege ins Obergeschoß hinauf und zeigte ihm zwei Kammern, die bereits als Fremdenzimmer eingerichtet waren. Die breiten Fußbodenbretter waren abgezogen worden, so daß sie ganz hell waren. In jedem der Zimmer lag ein bunter Fleckerlteppich. Die Betten hatten rot-weiß gewürfelte Bezüge, auf den weißen Kopfkissen waren Mond und Sterne aufgedruckt, und in blauer Schrift stand „Gute Nacht" darauf. An den weißgetünchten Wänden hingen dekorative bunte Bilder, die Alpenlandschaften zeigten. Jedes Zimmer hatte ein breites Waschbecken und einen ebenso großzügig bemessenen Spiegel erhalten.

„Es sind meine beiden ersten Zimmer, vier Betten", erklärte Bernadette stolz. „Bald werden auch die anderen fertig sein. Mitte Juli werde ich das kleine Haus bereits voller Gäste haben."

„Toll."

„Dein Zimmer werde ich ebenfalls vermieten. Doch wann immer du aus Kiel kommen wirst, um uns und die Adler zu besuchen, wird es frei sein. Das verspreche ich dir."

„Danke, Bernadette."

Er war ein wenig ungeduldig, weil er zu den Raubvögeln auf den Berg hinauf wollte. Einen von ihnen hatte er kreisen sehen, als er im Dorf unten aus dem Omnibus gestiegen war. Nicht weit entfernt war ein Bussard gesegelt, und Lorenz war erstaunt gewesen, um wieviel imposanter und gewaltiger der Steinadler am Himmel gewesen war.

Jetzt dampfte die Vormittagssonne die Feuchtigkeit aus dem Berggras. In den Blütenkelchen der Bergblumen aber hielt sich je ein Tautropfen noch lange verborgen. In fast jedem Kelch saß so ein Tropfen und schillerte in allen Farben. Alpenglöckchen, Aurikeln, Alpenveilchen und Enzian wuchsen aus dem saftiggrünen Wiesengras. Im Mischwald waren die braunen

Flecken weg, die von den noch winterlich-kahlen Buchen und Eichen gebildet worden waren. Aus dem Braun war ein lichtes Grün geworden, das sich hell vom tiefen Grün der Tannen und Kiefern abhob.

Es war heiß, wenn man in der Sonne aufstieg. Lorenz suchte unwillkürlich schattige Trittstellen. Dort war es wohltuend kühl. Und aus dem Schatten heraus, wenn die Gesichtsmuskeln entspannt und die Augen offen waren, bot sich das Bild des Kasperer Jochs, der Latschenhänge, der Wälder und des Tals mit dem dahinter aufsteigenden Felsmassiv noch herrlicher dar.

Ingo war an diesem Wochenende nicht auf dem Berg. Er war zu einem Ornithologenkongreß nach Düsseldorf gereist. Es war ein wichtiger Termin. In einer gemeinsamen Entschließung sollten wichtige Forderungen an die Innenminister der Länder durchgesetzt werden. Der Handel mit ausgestopften Greifen und die Ein- und Ausfuhr von Vögeln sollten verboten werden, Sumpfgebiete sollten nicht mehr trockengelegt werden dürfen, denn das gewonnene Bauland nimmt Abertausenden von Vögeln ihren Lebensraum. Auch sollte man nicht zu viele Wege und Straßen durch die Wälder schlagen, nicht zu viele Lifte und Seilbahnen auf die Gipfel ziehen. Und vor allem sollten Hubschrauberflüge verboten werden, mit denen man Skifahrer zu den Hängen hinaufbrachte. Wegen all dieser Forderungen war es auch für Ingo, wie für alle anderen Ornithologen, wichtig, an dem Kongreß teilzunehmen.

Von der Plattform unter den Latschen aus sahen Bernadette und Lorenz das Dunenjunge vor dem finsteren Spalt der Felshöhle. Es thronte auf dem erhobenen Teil des Horstes und tat, als wollte es sich in die Tiefe stürzen. Mit ausgeschwenkten Flügeln und steil aufgerichtetem Bürzel sah es wie ein Sturzkampfflieger aus. Aber was die beiden besonders überraschte: Was dort hockte, war nicht der größere Jungvogel, sondern das Nesthäkchen! Man erkannte es an seinem noch lichteren, heller marmorierten und gescheckten Gefieder. Der andere hockte wohl unten. Und beide intonierten ein zeterndes Duo.

Das rostbraune Brustgefieder des Adlerweibchens flimmerte grell auf, als das Tier über den Menschen hinwegstrich, in die Senke hinabstieß und deren Krümmung ausflog. Der Raubvogel stieg zum Horst auf und landete auf dem Felssims. Seitwärts, wie eine Taube auf dem Kegel einer Überlandleitung, trippelte sie dem Horst zu. Dort stieß sie mit dem Schnabel das vorwitzige Junge in die Horstmulde zurück.

„Die Geschichte war Mutti sicher zu gefährlich geworden", sagte Bernadette dazu.

Bernadette und Lorenz saßen auf den Falthockern in dem schmalen Oval des Schattens, den die Latschen um diese Zeit noch bildeten. Durch die Ferngläser sah man weit entfernt und hoch oben, an der Waldgrenze eines geklüfteten Massivs, eine Gruppe Bergwanderer aufsteigen. Sie waren so winzig, daß man sie nur an den bunten Farben ihrer Anoraks erkennen konnte, die sich vor den Felsschatten leuchtend abhoben. Als die Gruppe jedoch aus den Schatten herauskam und auf buckligem Almgelände über das gelbgrüne Berggras stieg, verschleierte die in der Hitze flimmernde Luft alle Konturen, und man sah die Wanderer bald nicht mehr.

Lorenz sah die junge Frau neben sich forschend an. Wieder fand er, daß sie schön wie ein Engel war. Wieder blendete ihn das ebenmäßige Antlitz, die hohe klare Stirn und der offene, warmherzige Ausdruck des Gesichts. Bernadette spürte den auf sie gehefteten Blick des Jungen neben sich. Lächelnd wandte sie sich ihm zu.

„Möchtest du etwas trinken?" fragte sie.

„Nein. Es ist schön kühl hier im Schatten."

„Weißt du jetzt, welchen Beruf du ergreifen wirst?"

„Feinmechaniker. Sie haben Tests mit jedem von uns gemacht. Auch die Rechennote wurde berücksichtigt. Meine Hand haben sie ebenfalls geprüft und dabei herausgefunden, daß sie mich nicht hindert, Feinmechaniker zu werden. Sie hatten eine Liste dabei, auf der all die Berufe aufgezeichnet waren, in denen man in dem Heim in Kiel ausgebildet werden kann."

„Feinmechaniker ist ein interessanter Beruf."

Der Junge nickte. Seine verkrüppelte, dünnhäutige kleine Hand fuhr durchs Haar und schob eine dichte schwarze Strähne hinters Ohr. Vor ihm auf dem Boden schlüpfte eine dünne, graubraune Bergeidechse über die grasbestandene Kante und verschwand wieder. „Aber ich werde doch Ornithologe werden", sagte Lorenz plötzlich und sah die Frau an.

„Was?" fragte sie erstaunt.

„Ja", sagte er in bestimmtem Ton. „Ich habe mich erkundigt, und es geht. Ich muß in Abendkursen die mittlere Reife und später das Abitur nachmachen. Dann kann ich Biologie studieren. Ich kann auf der Universität auch ein Stipendium bekommen."

„Kannst du nicht in Kiel auf die Realschule wechseln und dort die mittlere Reife machen?"

„Nein, weil es ein Lehrlingsheim ist. Es ist ausschließlich für behinderte Lehrlinge da."

„Und du bist fest entschlossen, Ornithologe zu werden?"

„Ja. Ganz fest."

„Dein Erziehungsrecht liegt beim Heimleiter, ja?"

„Ja. In Kiel wird es der dortige Heimleiter haben."

Sie schraubte jetzt den Deckel von der Thermosflasche und goß grünen kalten, gesüßten Pfefferminztee in den Kunststoffbecher des Deckels. Sie reichte den Tee dem Jungen, und er trank den Becher leer. Auch Bernadette trank und drückte den breiten Korken wieder auf und schraubte den Deckel fest.

„Erzähle mir mehr von deiner Kindheit, Lorenz", bat sie ihn.

„Von dem winzigen Haus habe ich dir schon erzählt. Von dem, was drinnen war, kann ich mich nur an die Standuhr erinnern, die so laut schlug, daß man glaubte, man wäre in einem Kirchturm. Draußen habe ich die abgesplitterten Lackteilchen der Tür noch vor Augen, die Klinke mit dem Griff, von dem das Messing abgewetzt war. Das Schlüsselloch war rostig und blinkte nur noch an den Kanten silbern, wo der Schlüssel entlangkratzte. Solche Einzelheiten könnte ich jetzt noch aufzeichnen."

„Und deine Mutter? Wie war sie?"

„Mal lieb, mal wütend. Immer eines von beidem. Sie war nie etwas anderes als lieb oder wütend."

„Wo liegt sie begraben?"

„In Ammersreuth, auf dem Friedhof, der am Hang liegt."

„Wo liegt Ammersreuth?"

„Es ist ein Dorf in der Nähe von Rosenheim."

„Wann warst du zum letzten Mal am Grab?"

„An Allerseelen. Unser Heimleiter schickte alle Kinder, die älter als zwölf waren, zu Allerseelen an die Gräber."

„Läßt er sie alleine hinreisen?"

„Ja. Weil er sie schwerlich alle am selben Tag begleiten kann." Lorenz lachte.

„Möchtest du mal mit mir und Ingo zum Grab deiner Mutter fahren?" fragte sie.

„Ja, gerne! An der Friedhofsmauer stehen Kirschbäume. Von der Mauer aus kommt man ganz leicht hinauf. Wir müßten in der Zeit der Kirschen hinfahren."

Ihr Blick schweifte zum Horst hinüber, wo gerade das Adlermännchen aufsetzte. Das Gezeter der Jungen verstummte dort drüben, als sie gefüttert wurden. Doch schon galt das ungeteilte Interesse der jungen Frau wieder ihrem jugendlichen Begleiter.

„Wie war das erste Heim, in das du kamst?"

„Das war in Freilassing. Im Spielsaal waren zwei Lüster aus Schmiedeeisen, die an Ketten von der Decke hingen. Man konnte an ihnen schaukeln. Wenn am anderen Lüster auch einer schaukelte, kam man so dicht aneinander heran, daß man sich mit den Schuhsohlen abstoßen konnte."

„Aber, aber."

„Es war natürlich verboten. Einmal haben wir im Eßsaal alle Tische und Stühle zusammengeschoben und Tischdecken darübergebreitet. Dann hatten wir ein romantisches Labyrinth aus finsteren Stollen und Gängen. Man wußte nie, aus welcher Ecke gerade einer daherkam. Leider war dieses Spiel auch verboten."

„Was war noch in dem Heim?"

„Sonst kann ich mich an nichts erinnern. Nur daß es wäßrige Suppen gab. Aus einem Stück Fleisch machten sie fünftausend Liter Suppe."

„Na, das ist sicher übertrieben!"

„Aber die Schwestern waren freundlich. Nur hatte man immer gleich ein Dutzend und nicht eine besondere, an die man sich halten konnte."

„Aha."

„Sie haben sich sehr um uns gekümmert. Ein anderer Junge und ich waren die einzigen Behinderten dort."

„Mußtet ihr drunter leiden?"

„Überhaupt nicht. Der andere Junge hatte nur einen Arm, war aber trotzdem der Stärkste im ganzen Heim. Er hatte schon so ein einschüchterndes Gesicht. Sie fürchteten ihn alle. Deshalb taten sie auch mir nichts." Plötzlich sah er sie überrascht an. „Weshalb stellst du mir diese Fragen?"

„Weil ich gerne mehr über dich wissen möchte."

„Gibt es sonst keinen bestimmten Grund?"

„Der Grund ist, daß mich deine Vergangenheit interessiert, daß ich möglichst alles darüber erfahren möchte."

Ein Schwächling behauptet sich

An einem Tag im Juni war Lorenz auf dem beschatteten Heckenweg, der zu Ingos Vogelwarte führte. Der Vogelexperte war oben auf dem Berg. So nutzte der Junge die Gelegenheit, sich die Warte und ihre Umgebung noch einmal einzuprägen, damit er sie später im Heim stets deutlich vor Augen haben würde. Die gußeiserne, verschnörkelte Klinke des Gittertürchens fühlte sich kalt an. Aus dem Schlitz des Briefkastens ragte zusammengelegt eine Einwerfzeitung. Lorenz drückte sie tiefer, bis sie sich aus der federnden Klappe des Schlitzes löste und innen zu Boden klatschte.

Er ging den Plattenweg zum Haus hin und die vier Stufen hinauf, die zur Haustür führten. Alles sah jetzt ganz anders aus als damals im Winter, als er jeden Morgen die Milch und die Brötchen hochgetragen hatte. Es hatte ihm Spaß gemacht, dies unbemerkt zu tun. Einmal war er sogar eher als der Milchmann dagewesen und hatte gewartet, bis er seine Lieferung auf dem rissigen Beton abgesetzt hatte. Dann hatte er sie zur Haustür hinaufgetragen.

Die Fensterläden waren geschlossen. Drüben auf dem Rasen, der es nötig hatte, wieder einmal geschoren zu werden, standen die verlassenen Vogelkäfige, mit den kahlen, gestutzten, in den Boden gerammten Bäumen darin, die den Vögeln für ihre Flugübungen dienten. Letztes Jahr hatte Ingo hier

Kleinvögel gehalten, hauptsächlich kranke Tiere, die er gesund pflegte, oder Wellensittiche und Kanarienvögel, die ihre Besitzer ihm gebracht hatten, weil sie in Urlaub fuhren. Viele wurden nie wieder abgeholt, weil Wellensittiche billig zu haben und leicht zu ersetzen sind. Sie werden Kindern geschenkt wie Gummibälle oder Spielzeugautos und ebenso wieder weggenommen, wenn die Arbeit mit ihnen, die Pflege, zu lästig fällt.

Lange stand der Junge da und prägte sich das Bild gut ein. Er erinnerte sich, wie damals die Schritte auf dem hartgefrorenen Schnee geknirscht hatten. Damals hatte das alles angefangen, erst mit Ingo, dann auch mit Bernadette. Bald würde die schöne Zeit mit den beiden abgeschlossen sein und gut verpackt der Vergangenheit angehören. Ein letztes Wochenende erwartete ihn oben am Berg. Sie hatten ihm versprochen, daß er, wenn das Wetter es zuließ, mit der Schaukelpost würde hinauffahren dürfen. Das würde noch einmal ein Vergnügen werden.

Er verließ den Garten der Vogelwarte und schloß die Gittertür hinter sich. Aus der Gesäßtasche seiner Jeanshose zog er den Kugelschreiber, und auf die Rückseite des Kassenbelegs für Malstifte, den er in einer anderen Tasche fand, schrieb er die Worte „Auf Wiedersehen". Den Zettel warf er in den Briefkasten.

Zwei Tage später, an einem sonnigen Vormittag, hockte er im Winkel der Kiste, die an dem Drahtseil der Schaukelpost hing, und schwankte der Madlener Hütte entgegen. Die Hütte war weit oben, grau wie der Fels, in dem sie zu sitzen schien. Nur die Fenster leuchteten über die Entfernung, weil sie den

blauen Himmel widerspiegelten. Eine grüne Heuschrecke un-
ternahm die Reise gemeinsam mit dem Jungen. Lorenz fragte
sich, ob ihr die Bergluft bekäme. Das Almgras rund um die
Hütte leuchtete wie angemalt. Kerzengerade stieg hellblauer
Rauch aus dem Schornstein auf. Vor dem Fels war der Rauch
unsichtbar, vor den Tannen jedoch kam er klar heraus.

Das Drahtseil, an dem die Kiste befestigt war, hing tief
durch. Das Gegenseil darüber war straff gespannt. Das Seil

war rostig, an einigen Stellen bereits ausgefasert, und die Kiste war mit einer dünnen Manschette fest damit verschraubt und verschweißt. Es war die primitivste Seilbahn der Welt. Nur einmal, in der Mitte, lief sie über die Seilrolle einer Zwischenstütze.

Näher und näher schaukelte die Kiste dem Haus entgegen. Lorenz richtete sich auf, verlor aber sofort die Balance und wäre um ein Haar aus der kippenden Kiste geschlagen. Ganz so ungefährlich war die Reise also nicht. Er schloß die verkrüppelte und die gesunde Hand um die ungehobelten Kistenränder und verstärkte das Schaukeln ein wenig durch Eigenbewegungen. Dann fuhr die Kiste in das schwarze Loch hinein, das die Luke bildete, schürfte laut über den Boden und schlug gegen den alten Autoreifen. Die Seilbahn stand, Lorenz wurde nach vorn geschleudert.

„Endstation!" hörte er Bernadette rufen. „Bitte alles aussteigen!" Sie schloß ihn in die Arme und hob seinen Rucksack aus der Kiste. Die grüne Heuschrecke sprang in weitem Satz in die Tenne und begann, diese für sie neue Welt zu erforschen.

Groß und breit, aber auch geduckt, weil er bei Bernadette stets fürchtete, mit dem Kopf an einen Türrahmen oder eine Lampe anzustoßen, stand Ingo unten in der Wohnküche. Er ergriff die Hände des Jungen und schüttelte sie heftig. „Gratuliere zum erfolgreichen Abschluß der gefährlichen Luftreise!" rief er. „Hut ab vor dieser bravourösen Leistung!"

Lorenz grinste. „Können wir gleich zu den Adlern hinauf?" fragte er.

„Aber sicher. Bernadette und ich brennen ja bereits darauf. Beeil dich!"

Sie entfernten sich diesmal rechts von der Hütte und kamen mitten im Wald um den Hang herum. An einem von Fritzens Schlafbäumen war der Stamm voller Kotspritzer. Ein Eichhörnchen kletterte hurtig den Stamm hoch und verschwand, indem es hinter dem Stamm eine halbe Spirale beschrieb. Plötzlich war es ganz oben, wie hochgezaubert. Mit seinem winzigen Köpfchen lugte es zu den Menschen hinab.

An einem silbern glänzenden, hauchdünnen Faden hing eine winzige Spinne herab und lauerte auf Beute. Sie sah aus wie ein Spinnenkind, das zum erstenmal im Leben auf Jagd ausgeht. Seine gekrümmten Beinchen saßen aneinander und auf dem Faden.

„Sie lauert auf Beute", erklärte Ingo überflüssigerweise, und dann: „Darauf, daß ein Wildschwein vorbeikommt."

„Und dann?" fragte Lorenz.

„Dann möchte ich nicht das Wildschwein sein."

Jetzt kamen sie unterhalb der blitzzerrissenen Kiefer an die Senke und stiegen dort steil zu den Latschen auf, nahe am Abgrund, wo die Stufen wie eine gewundene Treppe hinaufführten. Bei jedem Schritt nahm der blaue Himmel mehr Raum ein, die Welt darunter sank ab und gab das helle, lichte Reich der Steinadler frei. Lorenz fühlte den warmen Juniwind, der den süßen Duft des ersten geschnittenen Heus aus den Tallagen hochbrachte. Vom selben Aufwind getragen, stieg Roswitha ohne Flügelschlag auf, nicht kreisend, sondern gegen den Wind gestellt, höher und höher und dem Horst entgegen. Ein feines Rauschen war in den Tannen und auch tief in der Fichtenschonung. Die Sprenkel der Sonne im Schatten zwischen den Latschen trieben ihr lustiges Spiel, als sie durcheinanderwirbelten, sobald die Latschen vom Wind gezaust wurden.

Im Zurückblicken sah Lorenz, wie Ingo und Bernadette einander bei der Hand hielten. Sie sahen Lorenz aus sonderbaren Augen an. Es war, als lägen Fragen in ihren Augen.

Beide Jungvögel kauerten auf der Aussichtsplattform des Horstes, wenn auch nicht ganz einträchtig. Der eine schrie Tiiiii-jük!, der andere Tiiiii-jak! Jeder der beiden versuchte dabei der Tonangebende zu sein. Dazu hackten sie mit ihren gekrümmten Schnäbeln aufeinander ein, oder sie schlugen die hartbekrallten Läufe gegeneinander oder sie bemühten sich, einander zu überklettern. Manchmal purzelten sie von ihrer Aussichtsplattform in die Mulde hinab, und es dauerte Minuten, ehe einer von ihnen wieder oben erschien.

Die Auseinandersetzungen hörten jedoch sogleich auf, wenn Futter an den Horst herangetragen wurde. Jetzt war der andere vergessen, und nur der Hunger bestimmte. Sie stürzten sich auf das Beutefleisch, das die Eltern ablegten, und rissen Stücke heraus und verschlangen sie gierig.

Die Eltern legten das Fleisch nicht nur im Horst, sondern auch draußen auf dem Felssims ab.

„Weshalb tun sie das?" erkundigte sich Lorenz.

„Sie wollen sie aus dem Horst herauslocken", antwortete Ingo. „Denn sie sollen nun fliegen lernen."

„Aber kommen sie auch wieder in den Horst hinein?"

„Wenn der Mut ausreicht, um hinauszuklettern, sollte die Geschicklichkeit reichen, um wieder hineinzugelangen."

„Und wenn nicht?"

„Dann bleibt ihnen nur eines. Ganz rasch flügge werden."

Die beiden Jungen waren inzwischen mächtig gewachsen, und der Kleinere hatte sein Fehlgewicht fast wettgemacht. Kaum zu glauben, aber er war fast so groß wie sein Bruder.

„Die Eltern sind abgemagert", erläuterte Ingo. „Es hat sie viel Kraft gekostet, die Jungen so weit großzuziehen. In einem solchen Jahr müssen sie etwa sechs Zentner Fleisch heranschaffen. Das ist unendlich viel. Und du hast mitbekommen, wie schwer das Jagen ist und wie oft ergebnislos."

Lorenz nickte.

„So werden die Jungen dick und fett, und die Erwachsenen magern ab", fuhr Ingo fort. „Sie brauchen später die Erholung, um wieder zu Kräften zu gelangen. Die Kleinen lernen jetzt übrigens auch das Kröpfen. Das heißt, Fritz und Roswitha werfen ihnen noch lebende Beute vor, Eichhörnchen oder Mäuse, und sie müssen sie kröpfen."

„Wie tun sie das?"

„Mit den Krallen brechen sie den Brustkorb auf und verspeisen erst die Eingeweide, dann das Muskelfleisch."

„Die Eingeweide, brrrrr."

„Sie gewinnen schnell Vergnügen am Kröpfen, ein ganz instinktives Tötungsverhalten, das sie gerne aneinander ausprobieren würden. Es muß täglich erwartet werden, daß das Große das Kleine kröpft."

„Oder umgekehrt", sagte Lorenz.

„Natürlich", sagte Ingo, ohne recht daran zu glauben, „auch das ist möglich."

Dies war an einem Freitag. Am Sonntagmorgen hatten die Adlereltern ihre Bemühungen verstärkt, die Jungen flügge zu bekommen. Sie reichten kein Futter mehr in den Horst, wenn die Jungen auch noch so Zeter und Mordio schrien. Kläglich und gierig saß das Nesthäkchen auf dem erhöhten Teil des Horstes und blickte auf eine tote Bergmaus hinab, die mit aufgebrochenem Leib dalag. Durchs Fernglas sah man sogar die Fliegen, die silbrig aufflogen und sich auf den Kadaver niedersenkten. Der Kleine hing in äußerst merkwürdiger Weise im Horst. Den Schwanz hatte er weit hochgereckt, die Flügel halb ausgefahren, Kopf und Hals tief nach unten über den Horstrand geschmiegt. Er hatte ein unendliches Verlangen nach der Maus.

Das Adlerweibchen kam mit harten Jagg!-Jagg!-Rufen an den Horst herangeflattert. Mit einem seiner Flügel versuchte es, den Kleinen aus dem Horst zu schieben. Doch der rutschte eiligst in die Mulde hinab und verkroch sich.

Gegen Mittag saß der Kleine erneut auf dem „Aussichtsturm" und blickte mit verzweifelter Gebärde zu der toten Maus hinunter. Flehentlich und begehrend starrte er auf die Maus. Währenddessen flatterte die Mutter vor dem Horst hin und her und bewegte dabei ihre Flügel mehr als in einem ganzen Monat zuvor. Lockend rief sie Glijak! Glijak! Glijak! Sie setzte auf dem Sims auf, ließ sich abfallen, stieg hoch, flatterte und rief und lockte. Der Kleine schrie ebenfalls. Es war ein mitleiderregendes Schauspiel.

„Es ist ganz selten, daß das Zweitgeschlüpfte und Kleinere mehr Mut entwickelt als das Größere", sagte Ingo. „Er ist seinem Bruder ja wahrhaft um Tage voraus."

Am Nachmittag um Viertel nach zwei rutschte der Kleine zum erstenmal über den Horstrand. Mit dem Kopf schlug er auf dem schieferigen Fels auf und machte einen Purzelbaum. Fast wäre er dabei in den Abgrund hinabgestürzt. Und fast wäre er noch einmal hinuntergesegelt, als er sich aufrichtete. Vollkommen verdattert saß der Kleine da und blickte in den finsteren Felsspalt hinein. Augenscheinlich war ihm die Orientierung vollkommen verlorengegangen. Er wußte überhaupt nicht mehr, wo er sich befand, aus solch verkehrter Perspektive bot sich die Welt seinen unerfahrenen Äuglein dar. Nichts Vertrautes war zu sehen, keine Horstmulde, kein Wollfäustling, kein zänkischer Bruder, keine Horstwände.

Doch nach einer guten Minute erwachte die alte Neugierde in dem Vogel. Wie eine Ente watschelte er in den dunklen Spalt hinein. Eine Weile blieb er in der Finsternis verborgen. Wahrscheinlich kundschaftete er dort zwischen den alten, abgenagten Knochen herum. Dann erschien er wieder im grellen Sonnenlicht. Zuversichtlich schritt er geradeaus und fast über die Felskante hinaus!

„Du lieber Himmel!" stöhnte Lorenz laut. „Das ist ja wie ein Krimi!"

Im letzten Augenblick hatte der Kleine begriffen, daß die Welt an dieser Kante zunächst zu Ende war. Er schreckte zurück und beäugte die seltsame Welt der Senke eine Weile. Auf einmal begann er fürchterlich zu zetern. Iiiii-jam! Iiiii-jam! So ungefähr klang es. So eindringlich, daß sogar ein feines Echo aus der Geröllwand am Kasperer Joch zurückkam.

„Er weint", sagte Ingo. „Genau wie ein Menschenbaby. Er fühlt sich schrecklich alleingelassen."

Nach einer weiteren Minute der Heulerei entdeckte der Jungvogel plötzlich die Maus unmittelbar neben seinen Krallen. Jetzt vollzog sich ein deutlicher Stimmungsumschwung in ihm! Die großartige Entdeckung hob ihn aus tiefstem Elend zu lustvollem Frohlocken! Gleich zog er die Maus mit der Kralle zu sich heran. Fliegen stiegen silbrig auf, kreisten und flüchteten.

Eine geschlagene halbe Stunde widmete sich der Nestling dem Fraß. So unbeholfen, wie er sich bewegte, so fraß er auch. Umständlich rupfte er an der Beute herum. Und zweimal brachte er es fast fertig, sie über die Kante in die Tiefe zu schieben.

Fritz, sein Vater, saß drüben auf der blitzzerrissenen Kiefer beim Sonnenbaden, die Flügel leicht ausgestellt, so daß es aussah, als hätte er einen Umhang an.

Der Größere kam jetzt ebenfalls auf die Idee, den Horst zu verlassen. Vermutlich war er es leid, allein zu sein und sich zu langweilen, und er suchte seinen Bruder, mit dem sich so schön zanken ließ. Er erschien hoch oben im Horst und sah verwundert zu seinem Artgenossen hinab. Daß der sich in einer gänzlich anderen Welt befand, mutete ihn seltsam an. Kläglich begann er um Hilfe zu plärren.

Die Dämmerung kam hangaufwärts, aus den waldbestandenen Tälern und Bergflanken herauf. Die Senke füllte sich mit Schattenfarbe. Fritz hob drüben ab, segelte durch die Baumwipfel und ließ sich auf seinem Schlafbaum nieder. Er schlug mehrmals mit den Flügeln und legte sie dann fest an, als wären sie ein Schlafanzug.

„Also gehen wir!" sagte Ingo.

„Aber der Kleine?" fragte Bernadette.

„Es wird seine erste Nacht außerhalb des Horstes", antwortete Ingo. „Er wird sich wohl bis hinten in den Spalt verkriechen. Wenn die Kleinen sich fürchten, flüchten sie ins Dunkle und versuchen dort sogar die Köpfe zu vergraben."

Mit dem Morgendämmer war Lorenz wach. Sein letzter Tag auf dem Berg hatte begonnen. Er wollte nicht warten, bis

Bernadette aufstand und ihm das Frühstück richtete. Keine Minute dieses Tages wollte er verschenken. Auf Zehenspitzen, die Stiefel in der einen Hand, die andere am Stiegengeländer, stahl er sich in die Wohnküche hinunter und kleidete sich dort an. Er nahm seine Schottenjacke vom Haken neben der Tür und schlich hinaus.

Hinter dem Felsspitz des Kasperer Jochs ging das dunkle Blau des Himmels mehr und mehr in ein sehr lichtes Blau über, sogar in einen weißen Streifen, und jetzt zeigte sich das erste feine Gold und ein tiefes Orange in der Ferne auf den hochgelegenen Schneeflanken. Der Schnee dort glänzte, als wäre er aus Zuckerguß.

Fritz saß wieder schwarz und aufgeplustert auf der Kiefer. Sein Weibchen hockte drüben im Horst. Etwas später kam der kleinere der Adlerjungen aus dem Spalt heraus und sah verschlafen um sich. Die Bilder des Morgens mischten sich mit den aufregenden Erinnerungen an den vergangenen Tag und verwirrten ihn. Nur langsam schien er gewahr zu werden, was sein Blick jetzt aufnahm. Er trippelte genau dorthin, wo gestern noch die tote Maus gelegen hatte.

An diesem Tage wurden beide Jungvögel flügge. Fritz und Roswitha führten sie umsichtig den Felsspalt entlang dorthin, wo er flacher wurde und in die Latschen überging. Dorthin, zwischen die niedrig-verkrüppelten Nadelbäume, flatterten die beiden nacheinander, unbeholfen und taumelnd. Mit überschweren Flügeln versuchten sie vom Boden aufzustreben, doch stets sanken sie kraftlos zurück. Es sah aus, als wären die Flügel noch viel zu groß und gar nicht zu bändigen, so als wollte man einem Dreijährigen das Tennisspielen mit einem Erwachsenenschläger beibringen. Lorenz schien es, als würden die Kleinen mit diesen übergroßen und so schwer bewegbaren Flügeln nie das Fliegen erlernen können.

Aber natürlich täuschte er sich. Denn mehr und mehr begannen sie zu spüren, welche Kraft in ihren Flügelmuskeln steckte, und sie gewannen an Selbstvertrauen. Schon schwebten sie hoch, hielten sich segelnd in der Luft. Es gab böse Stürze in die Latschen, manchen Unfall. Doch auch stets neue Rekorde im Weitflug. Gliiiii-jak! Gliiiii-jak! So lockten Fritz und Roswitha die Kleinen weiter und weiter, bis hinab in die Senke ins Wiesengras.

Hier blieb die Familie den Vormittag über. Die Sonne schickte ihre Strahlen ins Erdreich und wärmte es auf. Das aufgewärmte Erdreich schickte dafür einen kräftigen Aufwind nach oben, den guten Gehilfen aller segelnden Vögel. Die Jungen flatterten auf, sanken ab, flatterten auf, zogen erste Kreise, gewannen im Aufwind von selbst an Höhe und lernten ihn für ihren Flug zu nutzen. Sie hatten das Fliegen gelernt! Und Lorenz hatte diese aufregenden Stunden allein am Berg erlebt!

Als Ingo den Berg heraufkam, die Latschen mit den Armen teilte und auf die Plattform trat, konnte Lorenz ihm bereits alles genau berichten. Er zeigte seine Notizen. Sogar die Flügelschläge der Kleinen hatte er aufgezeichnet.

„Wie viele waren es?" erkundigte Ingo sich interessiert.

Lorenz zeigte auf die Zahlen auf dem karierten Papier des Ringbuchs. Und siehe da: Der Kleine war weit fleißiger gewesen. Bis zum Mittag hatte er es auf 134 eigene Flügelschläge gebracht, sein größerer Bruder nur auf 98.

„Tut es dir jetzt leid, daß du sie nicht rechtzeitig beringt hast?" fragte Lorenz.

„Ein wenig", antwortete Ingo. „Man kann später an den Ringen ablesen, wie alt die Vögel werden."

„Wie alt können sie werden?"

„Man hat beringte Vögel gefunden, die zwanzig Jahre alt waren. Aber in Gefangenschaft gehalten, werden Steinadler bis zu sechzig Jahre alt. Dort sind sie keinen Gefahren ausgesetzt, gut genährt, niemand stellt ihnen nach. Es gibt keinen übermäßigen Frost, keine zu große Hitze. Und auch keine Überlandleitungen, an denen die unerfahrenen Jungadler aufschlagen."

„Wie lange bleiben die Jungen noch bei den Eltern?"

„Bis in den Winter hinein. Vielleicht über den Winter. Wenn die Eltern erneut brüten, verstreichen sie für immer."

„Kommen sie auch zu Besuch?"

„Möglich."

„Und in welchem Lebensjahr beginnen sie selbst zu brüten?"

„Sie finden sich zu Paaren schon im zweiten Lebensjahr. Im dritten bauen sie Nester. Doch die Fortpflanzungsreife erlangen sie erst im fünften Lebensjahr. Manche aber brüten überhaupt nie und bleiben Einzelgänger ihr Leben lang."

„Genau wie bei den Menschen."

„Ja. Genau wie bei uns Menschen."

Beieinander bleiben

An diesem Abend waren wieder Bratäpfel auf der Herdplatte. In der Hitze trieben sie Bläschen, drehten und wiegten sich und summten dabei ihr Lied. Die Herdplatte glühte leicht, wo die Ringe ineinandergelegt waren. Unten schlugen Funken prasselnd gegen die dünne Blechtür des Aschkastens. Bernadette hatte ihr Haar wieder mit dem Bernsteinkamm zusammengesteckt, den, wie sie erklärt hatte, schon ihre Urgroßmutter getragen hatte. Zu Lorenz' Ehren hatte sie Pfannkuchen gebacken und bittere Orangenmarmelade hineingestrichen. Lorenz hatte sechs dieser Pfannkuchen gegessen. Das wurde als neuer persönlicher Pfannkuchenrekord gefeiert!

Auf Bernadettes Wunsch hatte er sein Haar gewaschen, und sie hatte es ihm im Fönstrahl getrocknet. Jetzt saß er gestriegelt in einem weißen Baumwollhemd mit offenem Kragen auf der Lärchenholzbank, die Ellbogen auf die Ahornplatte gestützt. Er sah so fein aus wie noch nie. Auch Ingo sah so fein aus wie noch nie. Er trug ein hellblaues, sauber gebügeltes und gestärktes Hemd, noch mit den steifen Bügelfalten auf der Brust. Seine Ärmel waren hochgekrempelt, so daß man die Muskelwülste und die kräftigen Sehnen seiner Unterarme sah. Bis auf den Handrücken erstreckte sich dunkler Haarwuchs auf Ingos Unterarmen. Das mittelblonde Haar war naß ge kämmt, mit feingezogenem Scheitel, an dem man ein Lineal hätte anlegen können.

Die Stimmung war so ähnlich wie Weihnachten im Heim, wenn alle Kinder ordentlich gewaschen und sauber gekleidet im Eßsaal Platz genommen hatten, angestrahlt von den Kerzen des Christbaums. Bernadette brachte tatsächlich eine dicke rote Kerze in einem bronzenen Ständer und stellte sie in die Mitte des Tisches. Mit den Fingern bog sie den Docht hoch und entzündete ihn schließlich mit einem Streichholz. Die Flamme wurde durch den Luftzug sanft bewegt, der von der heißen Luft des Herdes herrührte.

Auch Bernadette sah sehr fein aus. Sie hatte ein schwarzes Samtdirndl mit prächtig besticktem Brustteil an, darunter eine weiße Batistbluse, die an den Enden der kurzen Ärmel gerüscht war. In ihren Augen spiegelte sich winzig und etwas verzerrt das gelbe Licht der Bastlampe und das unruhigere Licht der flackernden Kerze.

„Warum ist denn alles so feierlich?" fragte Lorenz. „Ist jemand gestorben?"

„Nein, nein", sagte Bernadette nur. Dann fragte sie: „Soll ich jetzt den Wein holen?"

Ingo nickte.

Sie brachte drei Gläser und stellte sie auf sternförmige Bastuntersetzer, und Ingo entkorkte eine Flasche Rotwein. Er schenkte die drei Gläser voll, jeder nahm ein Glas, setzte es an die Lippen und trank.

„Ist irgend jemand ernsthaft krank von uns?" fragte Lorenz.

„Niemand", sagte Ingo.

„Ist es, weil ich morgen früh abreise?"

„Eigentlich auch nicht", antwortete Bernadette.

„Weil die Steinadler flügge sind?"

„Auch nicht", sagte Ingo.

„Weshalb dann?"

„Soll ich's ihm jetzt sagen?" wandte Bernadette sich an Ingo.

„Ich denke, es wird Zeit", erwiderte er.

„Also, Lenzi", begann die junge Frau. Sie schob ihre Arme über die Tischplatte und nahm Lorenz' Hände, die verkrüppelte und die gesunde, in die ihren. „Würdest du, wenn es eine nette Familie gäbe, auch bei dieser Familie leben wollen und nicht in dem Heim in Kiel?"

„Wieso?"

„Würdest du das?"

„Ich, ich weiß nicht."

„Nehmen wir an, wir drei bildeten dann diese Familie, Ingo, du und ich. Würdest du dann lieber bei uns leben wollen und nicht in dem Heim in Kiel?"

„Tausendmal lieber."

„Also, Lenzi, wir haben die ganze Zeit über mit dem Heimleiter und mit dem Jugendamt verhandelt. Ingo möchte es dir ermöglichen, daß du, so schnell es geht, Ornithologe wirst. Was du noch nicht weißt: Er war selbst ein Waisenjunge. Er lebte in Heimen, bis er groß war. Nun wünschen wir beide uns, daß du bei uns bleibst. Möchtest du das wirklich auch?"

„Natürlich."

„Dann soll es so sein", sagte Bernadette. Sie zog ein rosafarbenes Taschentuch aus dem Gürtel ihres Dirndls und wischte sich damit über die Augen.

„Weshalb weint sie jetzt?" fragte der Junge.

„Sie bereut es schon wieder", antwortete Ingo.

„Ach, Quatsch", sagte Bernadette unter dem Taschentuch.

Ingo reichte Lorenz die Hand. „Ich gratuliere mir zu diesem großartigen Adoptivsohn", sagte er. „Die Sache hat nur einen Haken."

„Welchen?" fragte der Junge rasch.

„Adoptieren darf man nur, wenn man verheiratet ist. Also werden Bernadette und ich wohl heiraten müssen."

„Darauf prost", sagte Lorenz und griff nach dem Glas. „Sieh nur zu, daß sie dich auch nimmt."

Abenteuerbücher, die Leser in aller Welt begeistern:

Mark Twain: Tom Sawyers Abenteuer
Die Abenteuer des Huckleberry Finn
je 160 Seiten · bunt illustriert von Kurt Schmischke

Wenn in der Stadt etwas passiert, weiß jeder: das kann nur Tom gewesen sein. Vielleicht war sein Freund Huck Finn auch mit dabei. Und es passiert viel in der Stadt — denn auf alten Friedhöfen, in verschütteten Höhlen und vor allem auf dem Mississippi mit seinen einsamen Inseln gibt es für Mutige viel zu erleben!

Robert Louis Stevenson: Die Schatzinsel
160 Seiten · bunt illustriert von Kurt Schmischke

Ein alter Kapitän, der von einem geheimnisvollen Schatz erzählt, ein Mann mit einem Holzbein, ein Schiff voller getarnter Seeräuber, und dann endlich die Insel des berühmten Piratenkapitäns Flint, dazu zwei Männer und ein Junge, ausgezogen, den Schatz zu finden — wer das gelesen hat, vergißt es nie!

James Fenimore Cooper: Der Rote Freibeuter
144 Seiten · bunt illustriert von Kurt Schmischke

Seeschlachten, Krieg um die Kolonien in Nordamerika — wird die Freiheit siegen, von der der geheimnisvolle Piratenkapitän träumt? Wird sich der Preis lohnen, der im Kampf um diese Freiheit bezahlt wird? Ein spannender Seeräuber-Roman des berühmten „Lederstrumpf"-Autors.

W. FISCHER-VERLAG · GÖTTINGEN